JN065100

LE SECRET DE LA CARAPACE ARC-EN-CIEL

HIROMI NAKAMURA

虹色こうらの秘密

中村ひろみ

音声について

本書の音声は，下記サイトより無料でダウンロード，
およびストリーミングでお聴きいただけます.

https://stream.e-surugadai.com/books/isbn978-4-411-00566-3/

＊ご注意

・PC からでも，iPhone や Android のスマートフォンからでも音声を再生いただけます.
・音声は何度でもダウンロード・再生いただくことができます.
・当音声ファイルのデータにかかる著作権・その他の権利は駿河台出版社に帰属します.
　無断での複製・公衆送信・転載は禁止されています.

Pour Hibari et Kyu

Préambule

Bonjour mes amis ! Je m'appelle Hiromi. Comme on lit mon prénom sans « h » en français, les Français m'appellent « Iromi ». Cela me plaît beaucoup parce que cela m'évoque la variété des couleurs en japonais ! (« Iro » signifie « couleur » et « mi », « voir » dans ma langue.)

L'histoire se déroule dans trois endroits : en Normandie, à Paris et à Nice. Les personnages de l'école-ferme vont à l'aventure à la recherche d'une recette de nettoyage pour leur amie Tomomi la Tortue qui a été artistiquement griffonnée par son amie, Zinzin, qui est très coquine. La route n'est pas simple, mais leur amitié va se consolider...

Cet album est en noir et blanc mais, comme dit l'expression japonaise « l'encre de Chine possède 5 couleurs ! ». J'espère que tu pourras retrouver tes propres couleurs en regardant mes dessins. D'ailleurs, pourquoi ne pas les colorier toi-même ?

Ce livre est conçu pour te donner le plaisir de lire grâce à des mots simples (niveau A2 du CECR). Si tu arrives à le lire jusqu'au bout tout(e) seul(e), ça sera super.

Si mes personnages te plaisent, tu peux aussi faire des jeux de rôle, en classe ou avec tes amis.

Sinon, en suivant les conseils de ton professeur de français, tu peux faire des activités ludiques après chaque lecture.

Dans tous les cas, tu es libre comme nos amis de l'école-ferme. Amuse-toi bien dans un univers de français plein d'esprit et d'humour !

はじめに

みなさん こんにちは。作者のひろみです。フランス人が読むと「いろみ」に聞こえる名前です。日本語の「色味」を想像してしまいませんか？それは、言葉の最初のｈは発音しないフランス語の魔法の決まりあるからなんです。さて、“いろみ”に変身したら、こんなご本ができました！

お話が展開するのは、フランスのノルマンディー、パリ、ニースの３舞台。ある日、カメのトモミのこうらに、いたずらっ子のカエルのザンザンが見事に落書きをします。それから、まきば学校の仲間たちは、落書きを綺麗にする方法を探す旅に出るのです。困難を乗り越えて、絆を深める友情物語をお楽しみください。

さて、この絵本はほとんど白と黒の色合いで描かれていますね。「墨に五彩あり」という言葉があるように、モノクロの絵を見て、あなただけの世界を想像してください。実際に色ぬりをしてカラフルにしてもいいでしょう。

お話は、とてもシンプルな言葉で書かれています（CECR A2 レベル）。一人で、フランス語の読書に挑戦し、最後まで「読めた！」達成感を得ていただけたら、この上なく幸せです。

お話の人物を使って、授業でロールプレイやお友達と人形劇をしても面白いかもしれません。

各章のお話の最後には、楽しいアクティビテが待っています。フランス語の先生のアドバイスに従って、取り組んでみましょう。

とにかく、この絵本をどう楽しむかは、まきば学校の仲間のように自由。フランスのユーモラスな世界にひたって、ワクワクしながら最後までページをめくっていただけたら、うれしいです。

Cartes des personnages

Maki la jument blanche :
douce, coquette et un peu paresseuse.
Elle aime mieux écrire que courir!

白馬　マキ：
やさしい性格。おしゃれ。
少しなまけもの。
走るより、文字を書くのが好き。

Guy le chat de gouttière :
sauvage, gourmand et sociable.
Il déteste lire et écrire.

野良猫　ギイ：
気ままで、食いしんぼう。
誰とでも仲良しになれる。
読み書きが大の苦手。

Madame pomme de terre :
directrice de l'école-ferme,
attentionnée et bienveillante, mais un
peu étourdie.

マダムポテト：
まきば学校の校長。
やさしく、思いやりがある。
少しおっちょこちょい。

Maître ver de terre :
professeur de l'école-ferme,
sympathique et calme. Il oublie parfois
des choses importantes.

ミミズ先生：
まきば学校の先生。
親切で、おだやか。
ときどき、大切なことを忘れてしまう。

Tomomi la tortue :
brillante et grande amatrice de
peintures du 20ème siècle.

カメのトモミ：
優等生。20世紀の絵画を鑑賞するのが大好き。

Zinzin la grenouille :
toujours gaie et très active. Une
grande chanteuse.

カエルのザンザン：
いつも明るく、元気いっぱい。
歌が得意。

Tête de cochon
Pingouin le Parisien
Miss Alouette
Madame Sandwich
Éric le crocodile
Découpe les cartes des personages
pour inventer des histoires !

Pingouin le Parisien :
il achète toujours une baguette dans la boulangerie de son quartier à Paris.

ペンギン　パリジャン：
パリのパン屋で、
毎日バゲットを買っている。

Tête de cochon :
peu aimable. Généreux seulement quand il mange.

ブタ・アタマ：
無愛想。
食べるときだけ、機嫌が良くなる。

Madame sandwich :
propriétaire d'hôtel à Paris.
D'apparence accueillante mais cruelle.

マダム・サンドイッチ：
パリのホテルのオーナー。
もてなし上手に裏の顔あり。

Miss Alouette :
chanteuse parisienne, toujours affamée et prétentieuse.

ミス・ヒバリ：
パリの歌手。
いつもお腹を空かせているナルシスト。

人物カードを切りぬいて、自分だけの話を作ってみよう。

Éric le crocodile :
patron de cinéma. Gai et positif.
Pendant la journée, il tourne des films.

ワニのエリック：
映画館を経営。
明るく、ポジティブ。
昼間は、映画撮影をしている。

Table des matières

もくじ

EN NORMANDIE

1

🔊 1

Le rêve de Maki

— Hé ! Bonjour, mon cheval ! Pourquoi tu ne bouges plus ? demande Guy le chat qui est monté sur le cheval du manège.

— Parce que je n'ai pas envie de courir, je veux écrire.

2

— Moi, j'ai envie de m'amuser avec toi. Je déteste lire et écrire autant que prendre un bain. Bon, je te donne un bisou, allez bouge, s'il te plaît !

À ce moment-là, le cheval de bois se transforme en vraie jument blanche !

— Merci mon ami. Moi, c'est Maki. Et toi ?

— Moi, je m'appelle Guy.

— Enchantée.

— Enchanté.

Maki se réveille. Elle regarde son réveil.

— Oh là là ! Il est déjà 8 heures. Aujourd'hui, c'est la rentrée.

Elle met sa robe préférée. Elle se dépêche d'aller à l'école-ferme.

1 マキの夢

1

「おーい、お馬さん、なんでもう、うごかないのさ？」
メリーゴーランドの木馬に猫のギイが話しかけます。
「だって、ぐるぐる走ってばっかり、嫌になっちゃった。くるりんっと文字が書きたいの。」

2

「ねぇ、ぼくと一緒に遊んでおくれよ。猫は、お風呂が大嫌いだろ？それと同じくらい本を読んだり、文字を書いたりなんて、ごめんだね。ぼくのキッスをあげるから、おねがい、動いて！」
ブチュッ！そのときです。またたくまに木馬は、本物の白馬になったのです！
「魔法をといてくれてありがとう。わたし、マキっていうの。」
「ぼくの名前は、ギイ。」
「よろしくね。」
「こちらこそ。」

3

マキは、ハッと目を覚まし、目覚まし時計をみました。
「たいへん！もう８時だわ。今日は新学期だっていうのに。」
お気に入りのワンピースを着て、まきば学校に大急ぎで向かいました。

Activités 1 et 2

1 Associe chaque mot au dessin. 絵と文字を結ぼう。

・ ・le manège

・ ・l'école

・ ・le rêve

・ ・le bisou

2 Quelle heure est-il ? Que fait Maître ver de terre ? Place les aiguilles et les légendes.

ミミズ先生は何時に、どんな活動をしているのでしょう？想像して、時計に針を書き入れ、文を書いてみよう。

1)

Il est ...... heures.

Il ______________________.

2)

Il est ...... heures.

Il ______________________.

3)

Il est ...... heures.

Il ______________________.

2

2

Un nouveau camarade de classe

— Bonjour tout le monde, dit Maître ver de terre. Aujourd'hui, je vous présente notre nouvel ami.

— Incroyable ! Je l'ai vu dans mon rêve ce matin, se dit Maki, très surprise.

— Bonjour à toutes et à tous. C'est Guy Guignol. Appelez-moi Guy.

— Chiiiiic ! Super !

Zinzin la grenouille saute sur sa chaise.

Tomomi la tortue, l'élève la plus brillante de la classe, le salue :

— Ravie de faire votre connaissance !

— Bienvenue !

— Les enfants, c'est l'heure du goûter.

Madame pomme de terre entre avec un grand plat de frites.

— Beurk, j'aime pas les légumes, dit Guy.

— Chut ! Tu vas vexer Madame pomme de terre ! J'adore les frites !

Donne-m'en beaucoup. Maki lui fait un clin d'œil.

— Si tu veux.

— J'en veux aussi.

Zinzin les rejoint.

6

— Mais quand est-ce qu'on fait cours ? leur demande Guy.

— Avant tout, il faut bien manger pour mieux apprendre. C'est notre principe, lui répond Tomomi en grignotant sa frite.

— Bon appétit !

Tout le monde se régale sauf Guy !

2 新しいクラスメイト

4

「みなさん、おはようございます。今日は新しい仲間を紹介します。」
ミミズ先生が言いました。
「信じられない。今朝、夢に出てきた猫が目の前にいるなんて。」
マキは驚きました。
「みなさん　はじめして。ギイ・ギニョールといいます。ギイと呼んでください。」
「ステキーッ！最高！」
カエルのザンザンが、イスの上を飛びはねました。
クラスで、一番かしこいカメのトモミがあいさつしました。
「お知り合いになれてうれしいわ。」
「ようこそ！」

5

「さあ、生徒のみなさん、おやつの時間ですよ。」
校長のマダムポテトが、山盛りのフライドポテトのお皿をのせて、教室に入ってきました。
「オエッ、ヤサイはキライだ。」
ギイがそう言うと、
「シーッ！マダムポテトが聞いたら悲しむわよ。わたし、フライドポテト大好き。私にたくさんちょうだい。」
マキがウインクしました。
「別にいいよ。」
「アタシにも分けてよ！」
ザンザンがわりこんできました。

6

「それにしても、いつ授業するの？」
ギイがたずねました。
「何よりまず、よく勉強したいなら、よく食べること。これが学校のきまりなの。」
トモミが、フライドポテトをむしゃむしゃ食べながら答えました。
「たくさんめしあがれ！」
みんなは、おなかいっぱい！　ギイだけ、腹ぺこです…。

Activités 3 et 4

1 Mots-croisés クロスワード　絵に合う単語を書いてみよう。

pomme de terre / cochon / ver de terre / tortue

grenouille / chat / cheval / pingouin

2 Quiz : vrai ou faux ? Entoure la bonne réponse.
話の内容に合えば **vrai**, 異なれば **faux** を囲んでみよう。

1) Guy aime les frites. vrai faux

2) Manger beaucoup, c'est important à l'école-ferme. vrai faux

3) Zinzin et Maki détestent les frites. vrai faux

🔊 3

3

Plongeon dans le marais

7

— J'ai faim, grogne Guy.

Après l'école, Maki, Guy, Zinzin et Tomomi rentrent ensemble.

— T'as quel âge ? lui demande Zinzin.

— J'ai 7 ans, lui répond sèchement Guy. Il est très fatigué de ce genre de questions.

— Moi, je sais deviner la météo. Il va pleuvoir bientôt. Regarde, il y a des nuages. Il faudrait rentrer vite au marais pour chanter !

Zinzin montre le ciel.

— Je vois. Je n'ai pas de parapluie ni de maison ni rien à manger...

Guy devient de plus en plus sombre.

— T'inquiète pas ! Viens chez moi. Il y a des lotus sous lesquels tu pourras dormir sans te mouiller. En plus, là-bas, tu pourras pêcher n'importe quel poisson autant que tu veux !

— D'accord.

Les yeux de Guy se rallument.

— Moi aussi je vous accompagne, dit Maki.

— Pareil pour moi. Je connais bien les poissons.

Tomomi les suit aussi.

— Ah, tu as raison. Il y a de nombreux poissons !

Guy a tellement faim qu'il essaie d'attraper des poissons sur-le-champ, mais il s'embrouille les pattes !

Splash !

Notre Guy est complètement embourbé dans l'eau du marais.

10

— Au secours ! J'ai peur de l'eau. Je ne sais pas nager !

Pour le sauver, Zinzin plonge dans le marais. Tomomi aussi. Elle pousse les fesses de Guy avec son dos. Mais en vain !

Quand la boue recouvre le pauvre chat, Maki saisit le bout de la queue qui est resté à la surface et le tire vers elle.

Oh hisse, oh hisse. Hop !

Enfin, Guy est sorti du marais après avoir mangé beaucoup de poissons.

Il a l'air très satisfait.

— Je me suis enfilé plein de poissons d'un coup. Je n'ai plus faim.

A ces mots, tous nos amis sont très contents alors qu'ils sont trempés de boue... La jolie robe de Maki est toute sale aussi !

Maki crie :

— J'en ai marre du marais !

3 どろどろハプニング

7

「おなかすいたよう。」
ギイが なげきました。
学校が終わって、マキ、ギイ、ザンザン、トモミは一緒に帰ります。
「ねえ、ギイっていくつ？」
ザンザンがたずねます。
「7才だよ。」
ギイは、ぶっきらぼうに答えます。ずっとこんな質問ばかりで、うんざりしています。
「ねえ、アタシ、天気予報ができるの。もうすぐ雨がふるわよ。見て、空が曇ってきたでしょう？　早く沼に帰って歌わなきゃ！」
ザンザンは空を指さしました。
「ふん。僕なんて、カサもないし、家もないし、おまけに、お腹はすっからかんだし…。」
いじけて、ギイの顔もだんだん曇ります。

8

「だいじょーぶよっ！アタシの沼においでよ。ハスの葉っぱがあって、ちっとも雨にぬれないで寝ることもできるよ。おまけに、たっくさん魚がいるから、好きなだけ釣りをして魚を食べたらいいじゃん！」
「じゃあ、沼に行く」
ギイの目にピカンと光が戻りました。
「私も一緒にいくわ」
マキがいうと、
「わたくしも、同行いたします。魚には詳しいので。」
トモミも沼についていくことになりました。

9

「ほんとだ。魚がうようよいるぞ！」
ギイはあまりにもお腹がすいていたので、すぐに魚をつかまえようとしました。すると、脚がこんがらがって、さあ、大変！
ドッボーン！　ドブブブ…
ギイは、沼の泥水にすっかりのまれてしまったのです。

10

「たーすけてくれー！僕、水が苦手なんだ。泳げないんだよー！」
すぐさま、ギイを助けようとザンザンが沼に飛び込みました。トモミももぐって、背中のこうらでグイグイとギイのおしりを押し上げました。それでも、ギイを助け出すことはできません！
あともう少しで、ギイが泥に完全に飲み込まれそうになった時、マキは、沼の表面に残ったギイのしっぽの先をぐいっと引っ張り上げました。
「せーの、よいしょ、こらしょ、どっこいしょ！」

11

おかげで、ギイはなんとか沼から脱出できました。
実はギイったら、沼にのまれておぼれている間、魚をたんまり食べていたのです。お腹いっぱいでご満悦の様子。
「いっきに魚をガブのみできたよ。まんぷく、まんぷく！」
みんな泥まみれになったけど、ギイが満足そうなのでうれしくなりました。だけどお気に入りのワンピースが泥だらけになったマキは、
「あーあ。沼なんてもう、こりごりよ！」
と、なげいたのでした。

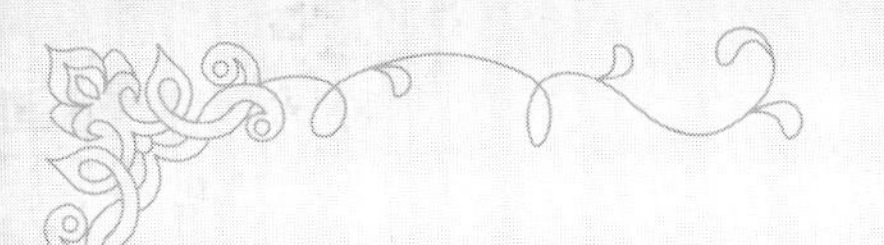

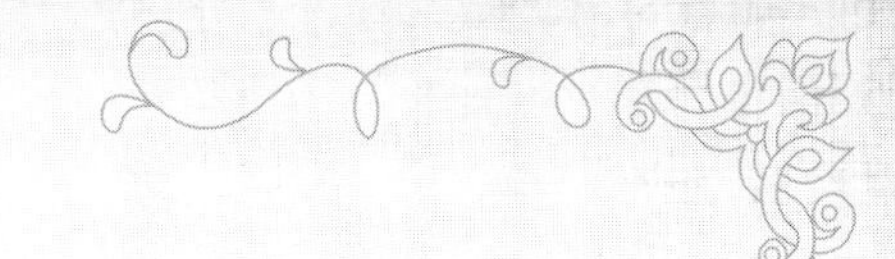

Activité 5

Journal de Maki. Lis le texte-rébus. マキの日記を読んでみよう。

Aujourd'hui, après l' ,
je suis rentrée avec
, et .
On est allés au .
J'ai vu des .
C'était magnifique.
est tombé dans le .
On l'a sauvé. Il a mangé
beaucoup de !
Ma est devenue très
sale à cause de la .

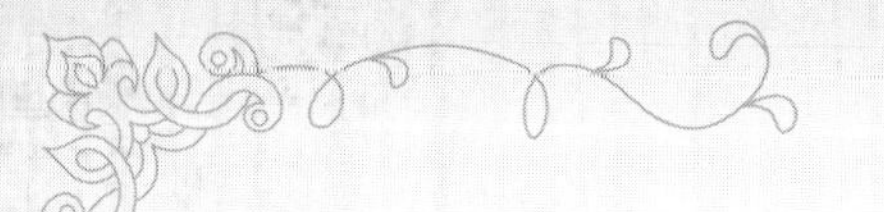

Activité 6

Complète la légende avec les mots suivants. 猫のからだの名前を選び、空らんに書いてみよう。

les yeux / l'œil / la gueule / le nez / le ventre / le dos / la tête

les pattes / le coussinet / la queue / les oreilles / les moustaches

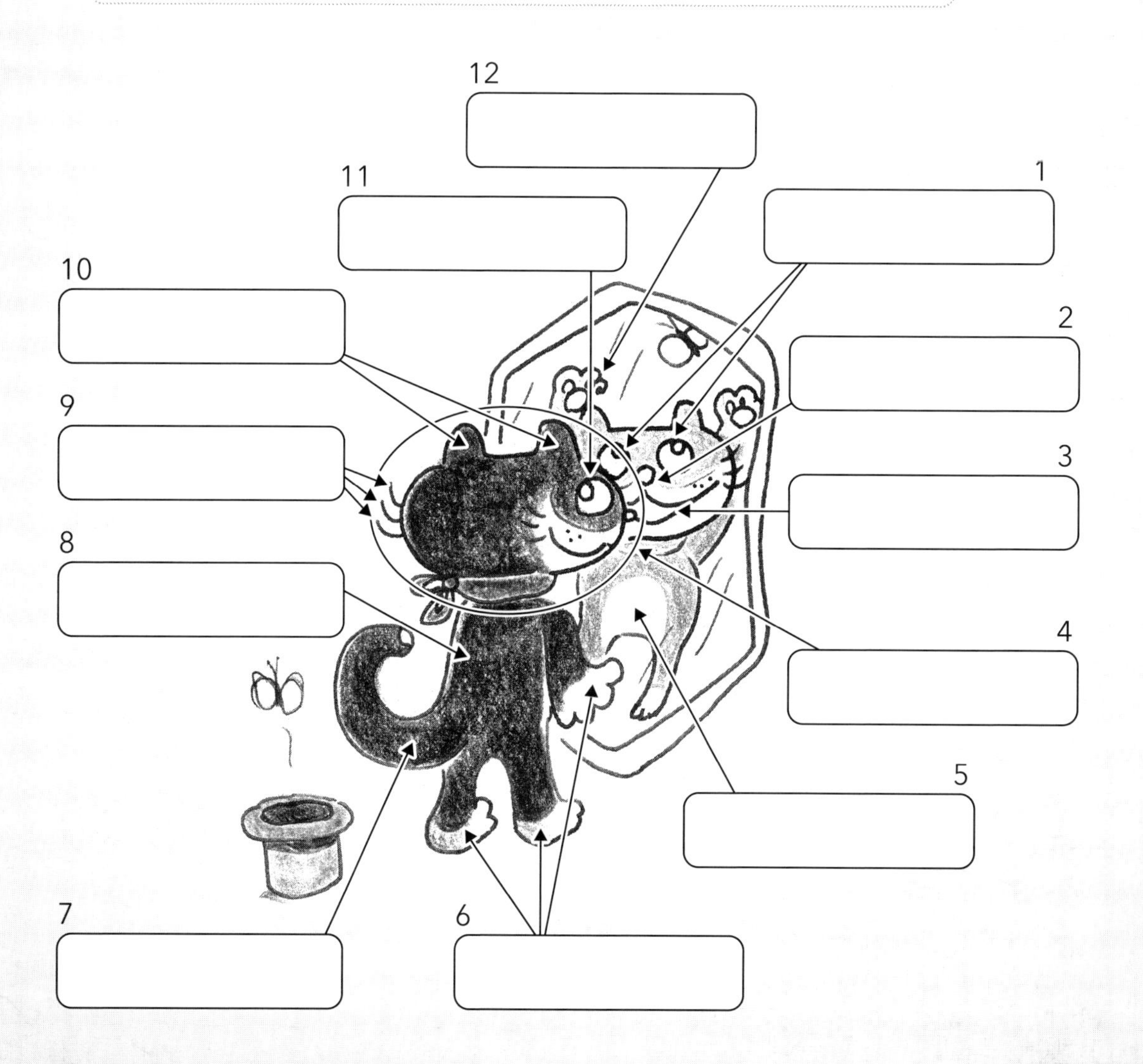

4

4

Initiation à l'alphabet

12

— J'ai horreur d'écrire, c'est embêtant, dit Guy en recopiant le contenu du tableau sur son cahier.

— Pourtant, si tu sais lire, tu peux vivre n'importe où puisque tu peux avoir des renseignements par toi-même.

— Ah bon ?

— Oui ! Et si tu sais écrire, tu peux écrire une lettre d'amour à la personne que tu aimes le plus. C'est magnifique, non ?

— Ça, je ne savais pas. C'est pratique alors.

— Je peux t'apprendre l'alphabet, si tu veux.

— Avec plaisir.

13

alligator

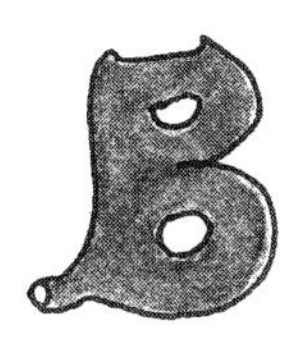

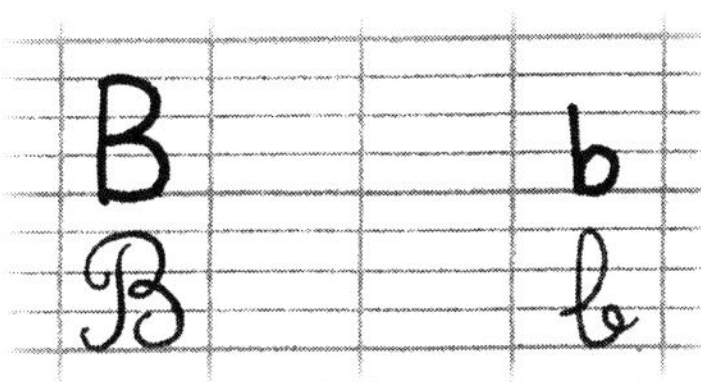

bain

chou

danser

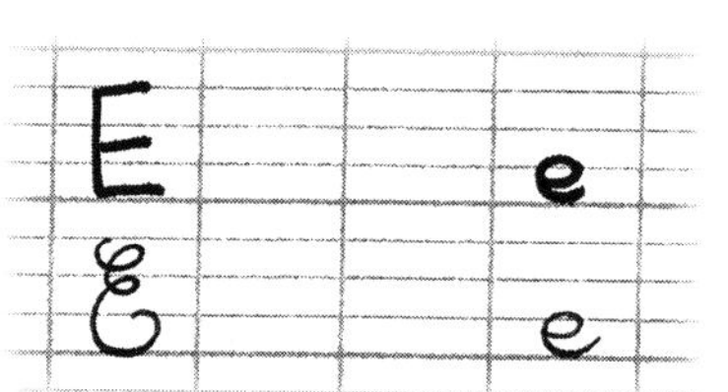

euros

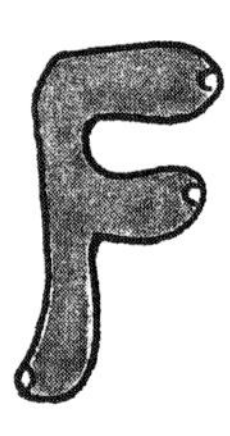

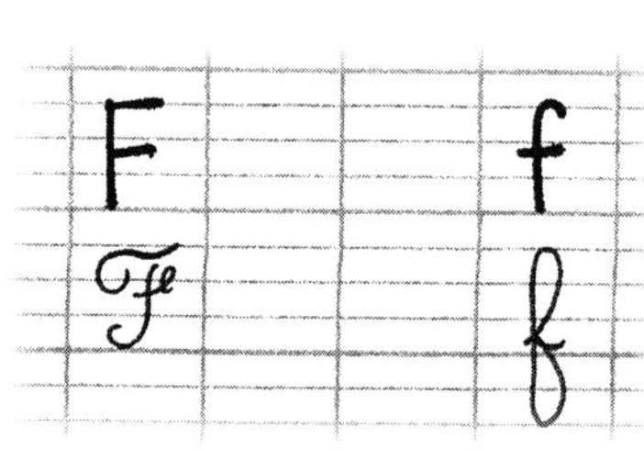

fruits

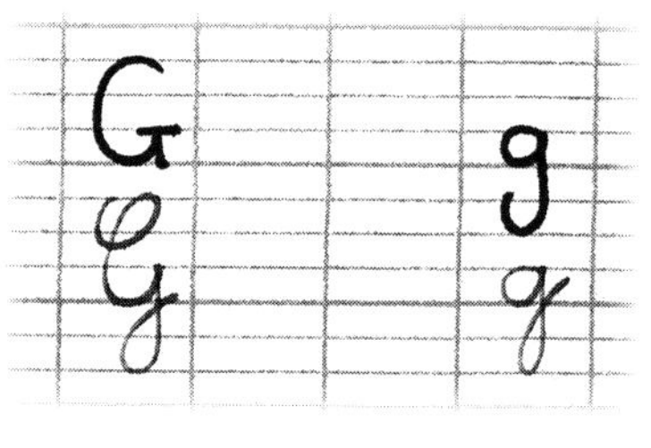

gâteau

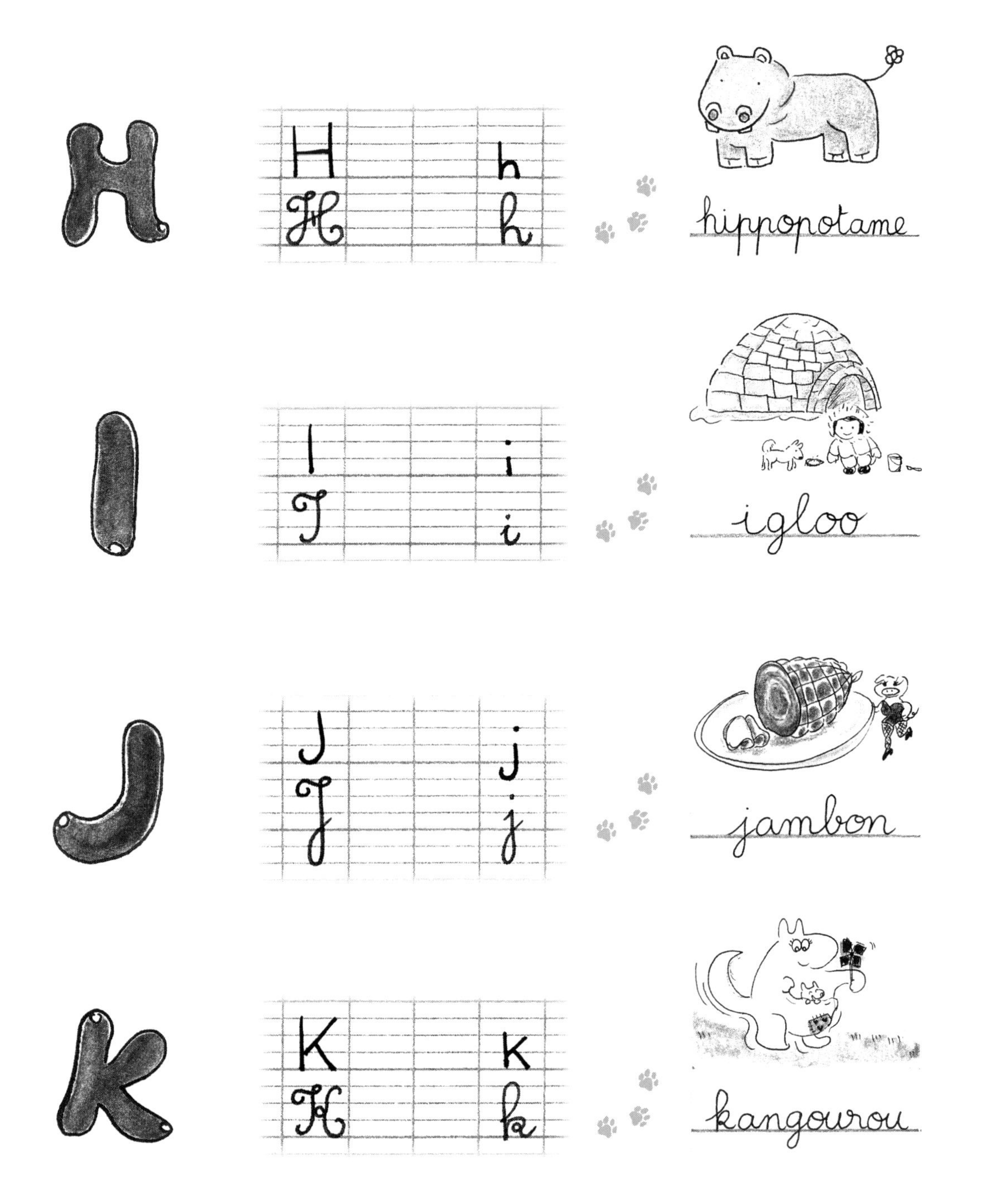
H
H h
h
hippopotame
I
I i
i
igloo
J
J j
j
jambon
K
K k
k
kangourou

licorne

marelle

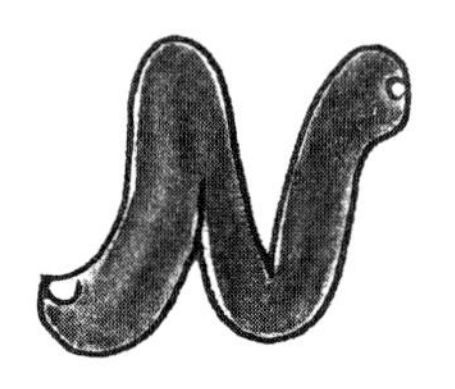

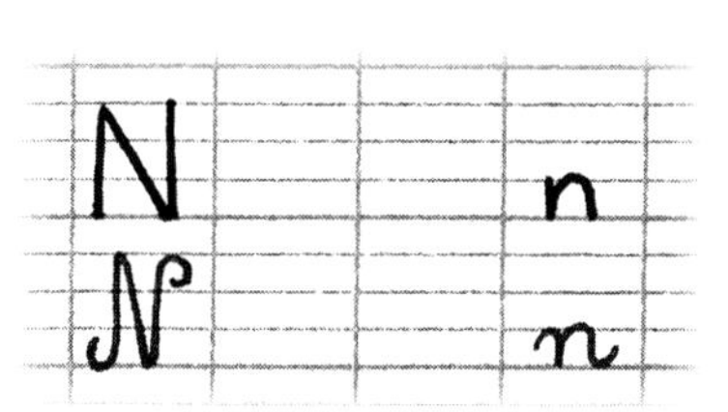

neige

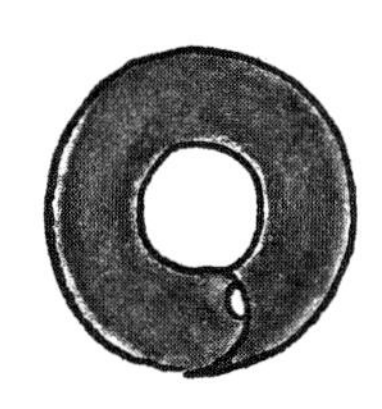

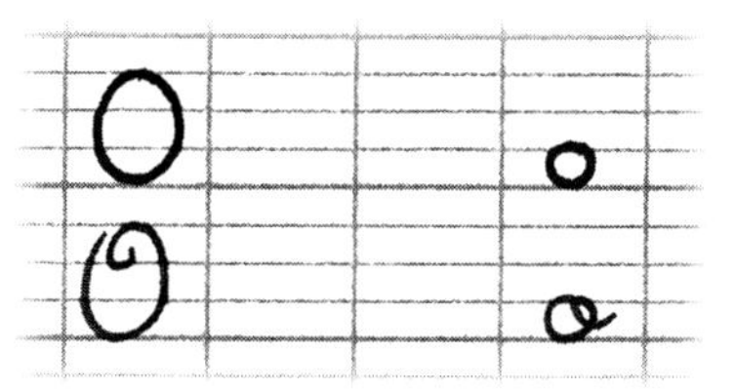

oignon

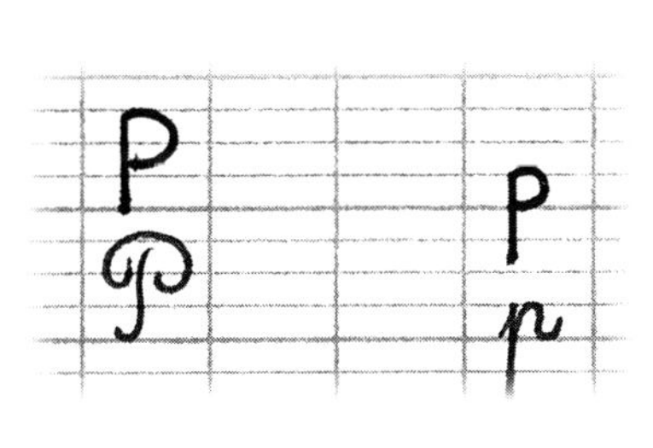

panda

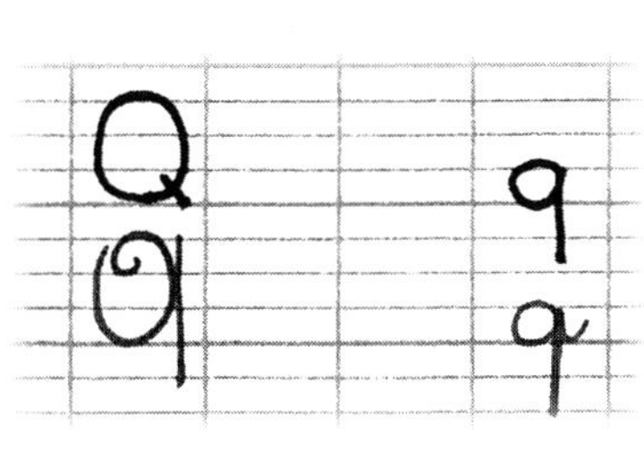

rat

sac

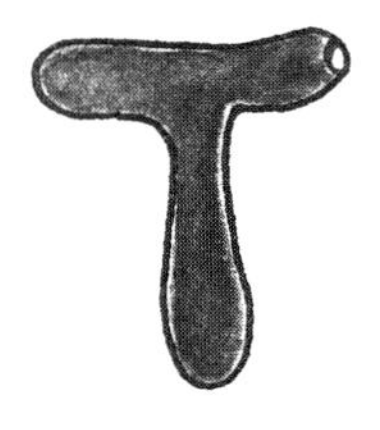

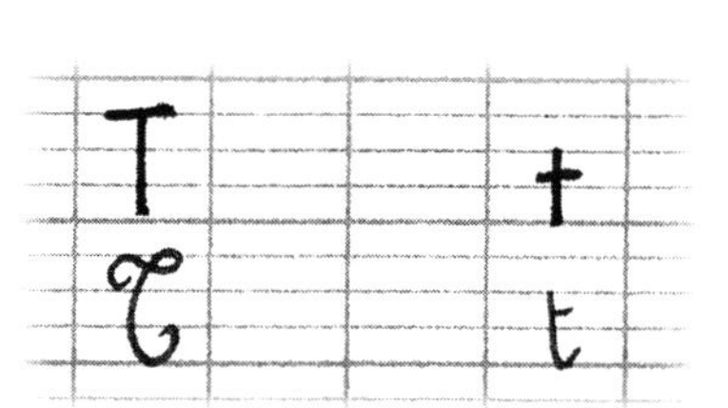

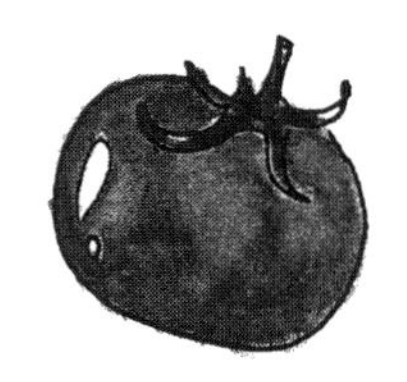

tomate

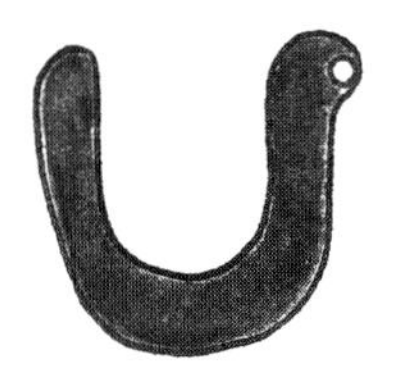

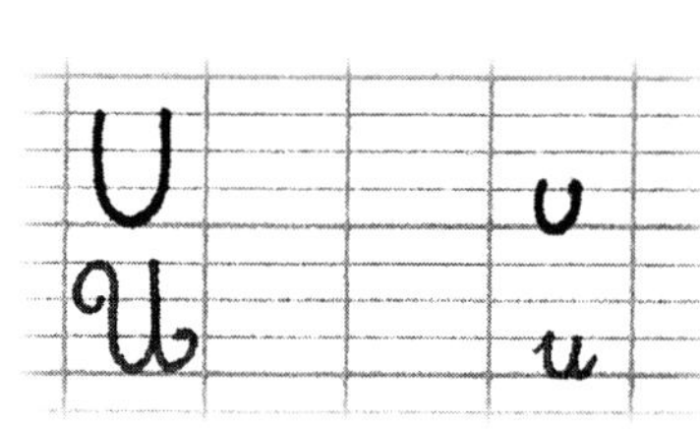

usine

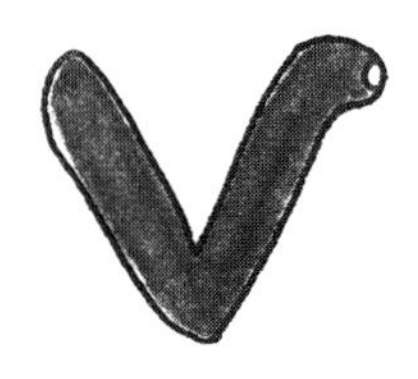

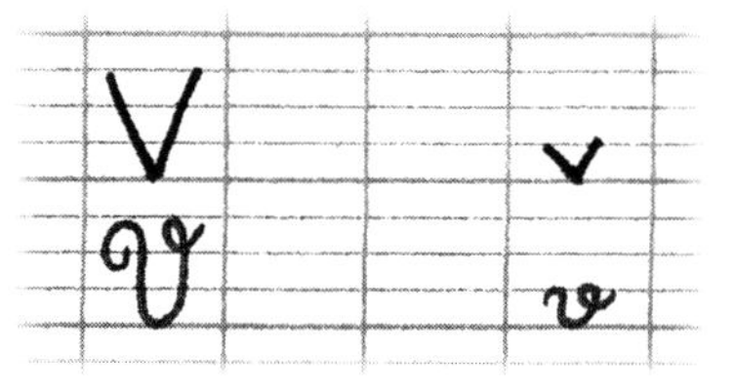

voleur

wagon

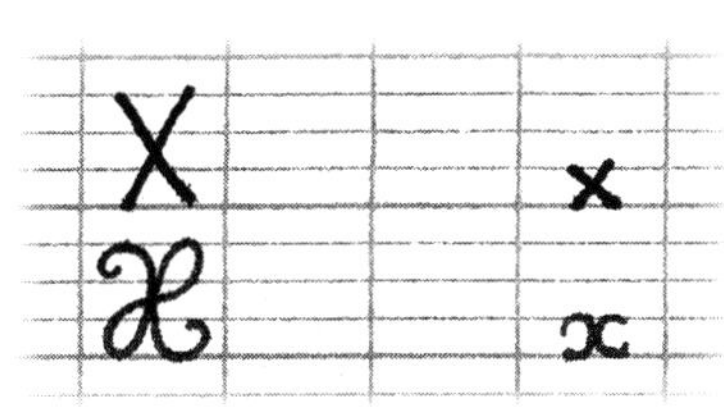

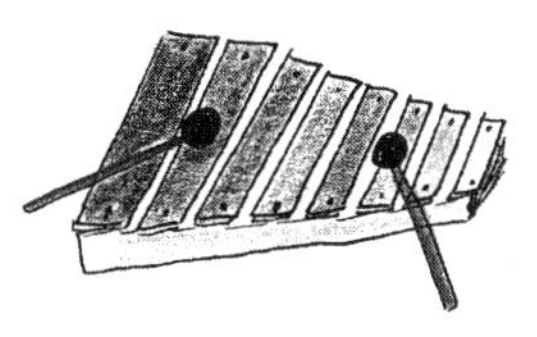

xylophone

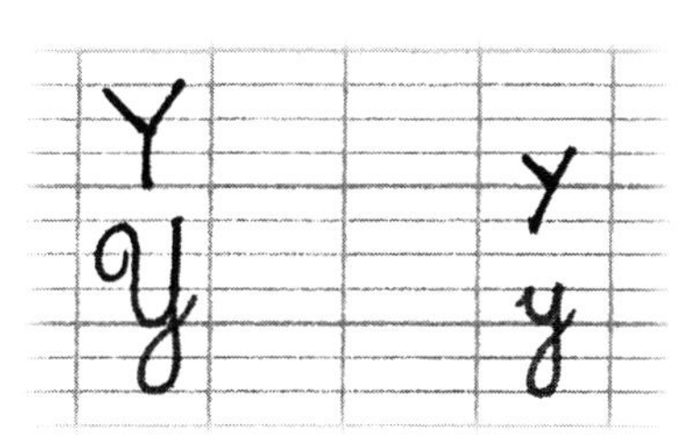

yaourt

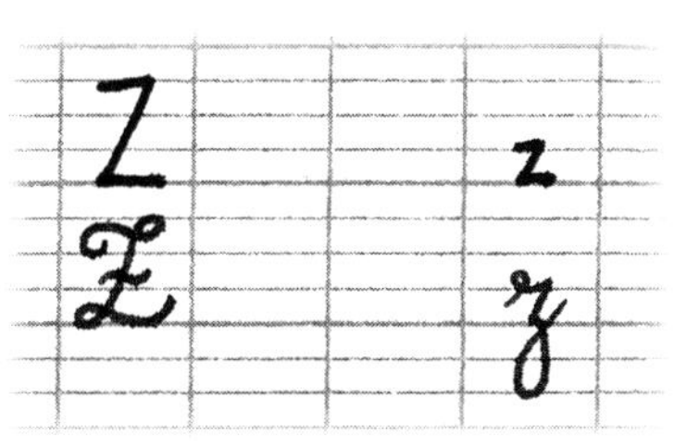

zèbre

— C'est fantastique ! dit Guy excité.

— Guy, tu as une écriture de chat, le taquine Maki.

— C'est normal. Je suis un chat.

— Regarde.

Pendant qu'ils bavardent, Zinzin fait des mots-croisés sur la carapace de Tomomi.

— Mais, elle n'a pas remarqué ?

— Non, Tomomi dort.

4　初めてのアルファベット

12

「文字を書くのっていやだなぁー。面倒くさいなぁー。」
ギイは、黒板をノートに写しながら言いました。
「だけど、もし文字が読めたら、自分の力で知りたいことが分かるでしょ。そうしたら、どこにだって住むことができるわよ。」
「そうなの？」
「そうよ！それに文字が書けたら、一番好きな人に、ラブレターを書くことだってできるのよ。素敵なことだって思わない？」
「へえ、それは知らなかった。つまり、何かと便利ってことか。」
「私でよかったらアルファベットを教えてあげるよ。」
「うれしい、教えて！」

13

p.39 ～ p.45

14

「ひゃっほう！われながら、よく書けた！」
すっかり文字を書くのに夢中になったギイ。
「それにしても、ギイの書いた字って、フニャフニャね。」
マキがからかいました。
「そりゃあそうだ。僕は猫なんだから。」
「みてみてー」
ザンザンはギイとマキが話をしている間トモミのこうらに、クロスワードを書いていたのです。
「あーあ、トモミは、気がついてないの？」
「気づくもんですか。寝てるんだから。」

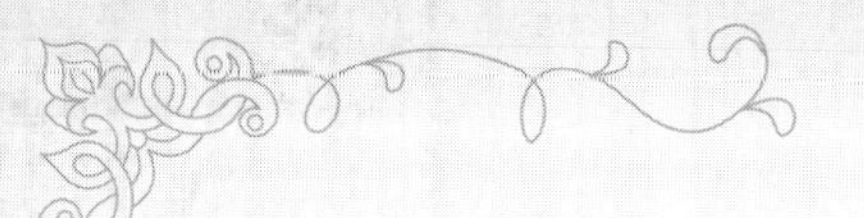

Activité 7

Traduis les mots puis écris sur chaque écaille.
日本語をフランス語に訳し、こうらの模様の中に書いてみよう。

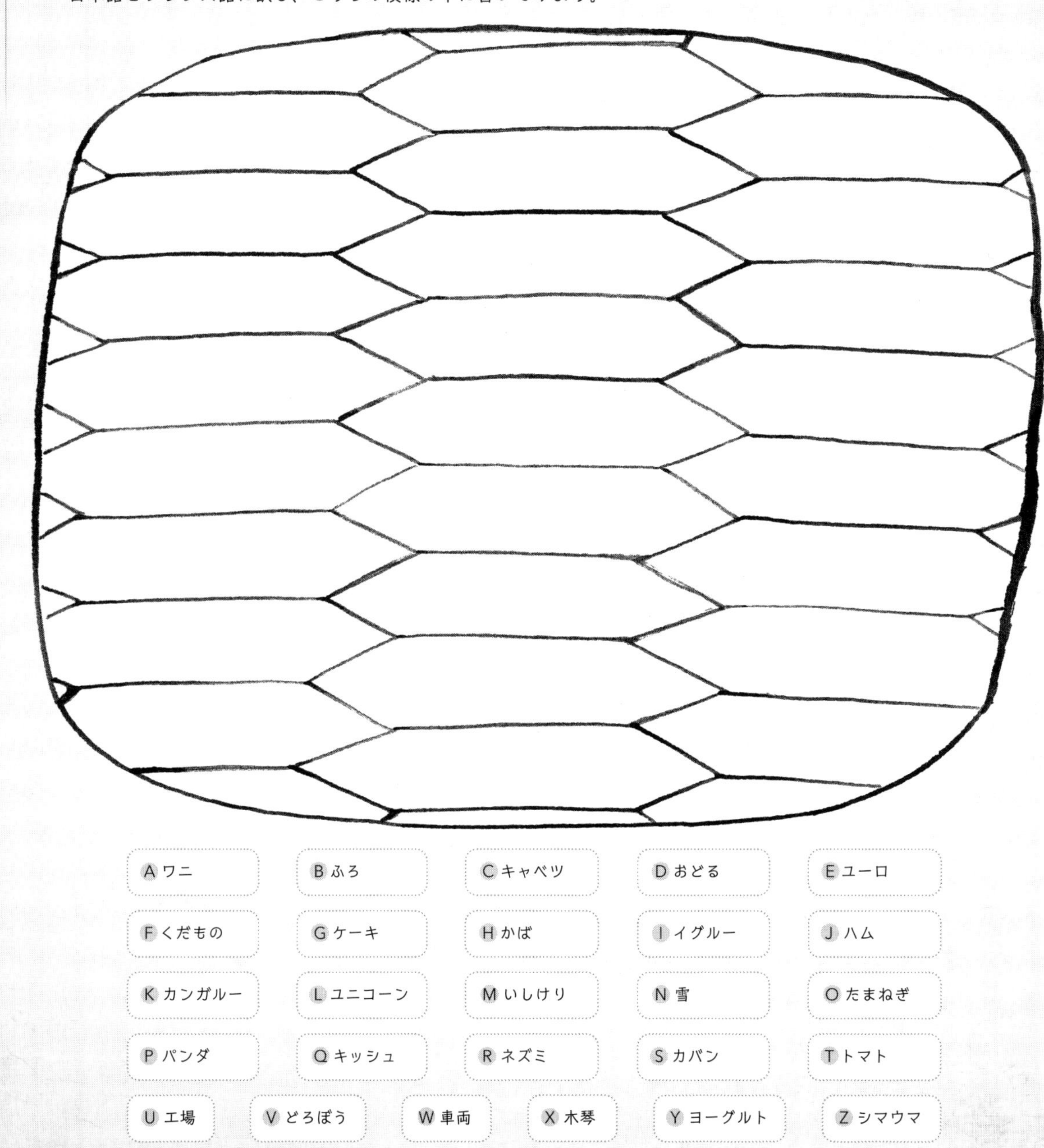

A ワニ	B ふろ	C キャベツ	D おどる	E ユーロ
F くだもの	G ケーキ	H かば	I イグルー	J ハム
K カンガルー	L ユニコーン	M いしけり	N 雪	O たまねぎ
P パンダ	Q キッシュ	R ネズミ	S カバン	T トマト
U 工場	V どろぼう	W 車両	X 木琴	Y ヨーグルト
Z シマウマ				

5

Le coloriage de la carapace

En découvrant toutes ces lettres sur son dos à son réveil, Tomomi la tortue est très fâchée.

— Vous êtes vraiment méchants. Avec ma carapace couverte de lettres, j'ai l'air très bête ! Comme si j'étais une antisèche !

— C'est pas ma faute. J'ai écrit pour aider Guy ! rétorque Zinzin.

— Ça suffit. Je te parle plus !

Ce disant, Tomomi rentre la tête dans sa carapace.

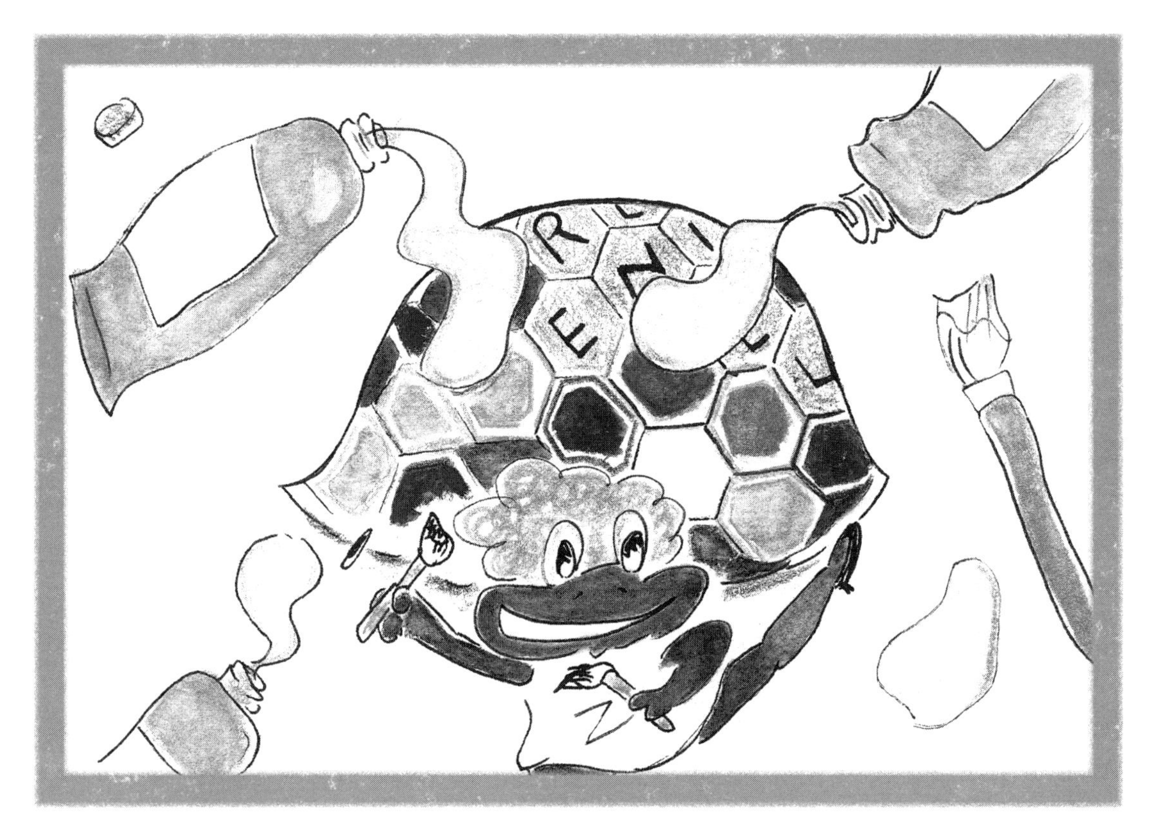

— Si on peignait sa carapace avec différentes couleurs pour masquer les lettres ? propose Maki à Zinzin et à Guy.

— Bonne idée !

— En plus, Tomomi aime les peintures artistiques !

Zinzin est d'accord.

Ils commencent à faire un coloriage sur chaque motif de la carapace : bleu, blanc, rouge, rose, jaune, noir, violet, vert, marron, orange...

17

Alors qu'ils peignent, Madame pomme de terre et Maître ver de terre entrent dans la classe.

— Quelles belles couleurs ! s'exclame Madame pomme de terre.

— Vous avez du talent. Vous êtes tous Picasso, renchérit Maître ver de terre.

— Picasso ? Vraiment ?

Tomomi sort un peu la tête pour vérifier sa carapace.

— Ah non, c'est trop moche ! Je suis morte de honte, gémit-elle.

18

Tout le monde essaie d'enlever les couleurs, mais en vain. Maître ver de terre dit:

— Je me rappelle que Picasso a laissé un secret pour nettoyer les couleurs. Il se trouve au musée à Paris.

— Si on allait visiter ce musée tous ensemble demain pour le trouver ? propose Guy à tout le monde.

— Pourquoi pas ? C'est très important pour nos élèves de se cultiver, répond la directrice de l'école-ferme qui a toujours bon cœur.

— Une sortie scolaire ? Youppiii !

5 こうらに色ぬり

15

トモミが目を覚ましました。こうらに落書きされた文字を見るなり、かんかんです。

「ひどい、あなたたちって最低！こんな文字だらけのこうら、おバカさんみたい！これじゃあ歩くカンニングペーパーよ！」

「私のせいじゃない。ギイのために、お手本を書いてあげたの！」

ザンザンが言い返します。

「もういい。あなたとは二度と口をきくもんですか！」

トモミはこうらの中に、ピシャンと頭を引っ込めてしまいました。

16

「ねえ、こうらにいろんな色を塗ったら、文字が見えなくなるんじゃない？」

マキが、ザンザンとギイに提案しました。

「グッドアイデア！」

「そうよ、トモミは、芸術的な絵が大好きだわ！」

ザンザンも大賛成です。

３人は、こうらの模様ひとつひとつに色ぬりをしました。青、白、赤、ピンク、黄色、黒、紫、緑、茶色、オレンジ…。

17

マダムポテトとミミズ先生が、教室に入ってきました。

「まあ、なんてきれいな色でございましょう！」

マダムポテトが絶賛しました。

「みなさん、芸術のセンスがあります。ピカソのようです。」

ミミズ先生もほめたたえます。

「ピカソ？本当に？」

トモミが、頭をちょっと出し、こうらを見ました。

「やだ、何これ。ひどすぎる！恥ずかしくて死んじゃう。」

トモミは泣きそうな声で言いました。

18

それから、みんなで色を落とそうとしましたが、なかなか落ちませんでした。すると、ミミズ先生がひらめきました。

「そうだ、ピカソが色をピカピカにきれいにする秘密を残していたぞ。確か、パリのピカソ美術館にあったはず。」

「じゃあ、明日、その美術館に行ってみない？秘密を探そうよ。」

ギイが、みんなに提案しました。

「そうしましょう。わが生徒が、教養を身につけることは、とても大切なことです。」

教育熱心なマダムポテトが言いました。

「学校の遠足？やったー！」

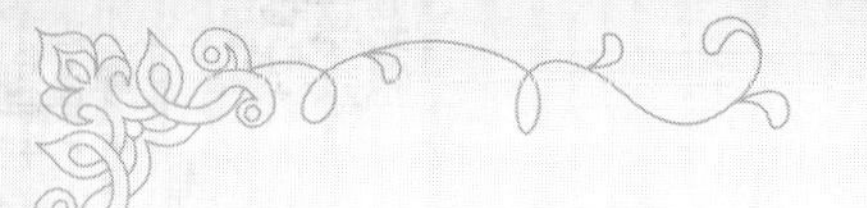

Activité 8

Colorie et complète. こうらの模様に色をぬり、色の足し算をしよう。

vert violet orange rose

1.

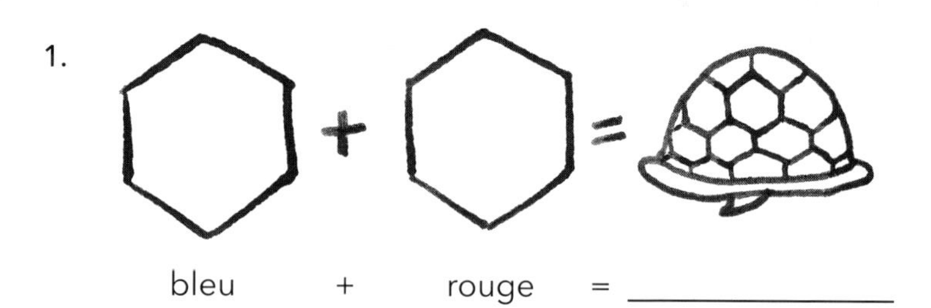

bleu + rouge = ____________

2.

rouge + blanc = ____________

3.

jaune + bleu = ____________

4.

jaune + rouge = ____________

À PARIS

je m' baladais sur l'avenue le cœur ouvert à l'inconnu
j'avais envie de dire bonjour à n'importe qui
n'importe qui et ce fut toi, je t'ai dit n'importe quoi
Il suffisait de te parler, pour t'apprivoiser
Aux Champs-Elysées, aux Champs-Elysées
Au soleil, sous la pluie, à midi ou à minuit
Il y a tout ce que vous voulez aux Champs-Elysées
Pourboire
2€

6

Le car de Tête de cochon

19

Aujourd'hui, c'est la sortie scolaire. Le car fonce à toute allure. Les camarades de la ferme se dirigent vers Paris, au musée Picasso !

— J'adore son style !

Tomomi, la tortue dont la carapace est de toutes les couleurs, est tout excitée.

Guy le chat de gouttière écoute de la musique. Maki la jument peigne sa crinière parce qu'elle veut être la plus belle en ville.

Zinzin la grenouille chante en sautant sur le siège.

— Calmez-vous ! ordonne Madame pomme de terre.

— Soyez sage dans le car, leur dit Maître ver de terre qui est assis à côté de Tête de cochon, le chauffeur.

En fait, Maître ver de terre a demandé à Tête de cochon de les emmener à Paris puisque nos amis de la ferme ne savent pas conduire. Mais celui-ci a un caractère de cochon ! De plus, avec ce temps de cochon, il n'est pas du tout aimable.

— Le musée Picasso ? Je n'ai pas du tout envie de passer devant la boucherie là-bas. Allez tout le monde descend ! Terminus !

Quel malheur ! Maître ver de terre et Madame pomme de terre sont choqués. De plus, notre Maître ver de terre a oublié son plan de Paris dans le car ! Nos amis de la ferme sont complètement perdus.

6 ブタ・アタマのバス

19

今日は、学校の遠足です。ビュンビュンとばすバス。まきば学校のみんなをのせて、パリのピカソ美術館に向かいます。
「ピカソ独特の絵のスタイルが、たまらないのよね！」
カラフルなこうらのトモミは、ワクワクしています。
ギイは、音楽を聞いています。マキは、街で一番キレイになろうと、たてがみをととのえています。ザンザンは、座席の上をぴょんぴょん飛びはねて、歌をうたっています。

20

「おしずかに！」
マダムポテトが、注意します。
「バスでは、お行儀良くしてください。」
と、ブタ・アタマという運転手の横に座っているミミズ先生も注意しました。
実は、みんな、車の運転ができないので、ミミズ先生が、ブタ・アタマにパリまで運転してくれるようお願いしたのです。ところが、ブタ・アタマは、憎たらしい性格の持ち主で、今日みたいに天気が悪いと、さらに機嫌が悪くなるのでした。

21

「ピカソ美術館？あそこの肉屋の前を通ってまで、わざわざ運転なんかするものか。全員、ここで降りろ！終点だ！」
なんという災難でしょう！ショックを受け呆然とするミミズ先生と、マダムポテト。しかも、ミミズ先生は、バスの中にパリの地図を忘れてしまったのです。行き場のないまきば学校のみんなは、おろおろするばかりでした。

Activité 9

Tu vas à Paris comment? Complète avec à ou en.

どの手段を使って、パリまで行きますか？ ____に、à か en を書き入れてみよう。

_______ pied

_______ train

_______ vélo

_______ métro

_______ voiture

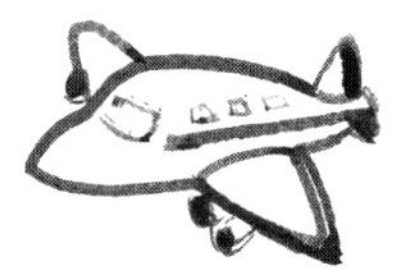

_______ avion

_______ bateau

_______ ballon

_______ moto

_______ fusée

_______ bus

_______ camion

7

🔊 7

Nous sommes comme la Tour Eiffel

22

— Qu'est-ce qu'on va faire à Paris sans plan ? s'inquiète Guy.

— C'est fini, on n'arrivera jamais au musée Picasso, gémit Tomomi, désespérée.

— Regarde, y a la Tour Eiffel, fait remarquer Maki.

— On peut trouver le musée depuis le haut de la Tour, dit Zinzin, les yeux étincelant d'espoir.

23

Alors qu'ils arrivent au pied de la Tour Eiffel, Madame pomme de terre s'adresse à tout le monde :

— Écoutez mes amis, la visite de la Tour Eiffel n'était pas prévue. On n'a pas assez de budget pour monter en haut. J'aimerais que certains d'entre nous utilisent l'escalier plutôt que l'ascenseur.

— Pas de problème pour moi, dit Guy en se dirigeant vers l'escalier.

— Attends, c'est moi la première ! dit Zinzin.

— Madame, moi aussi je vais essayer de monter par l'escalier, lui dit Maki.

24

— Merci, je vous attends en haut, alors. À tout à l'heure !

Madame pomme de terre, Maître ver de terre et Tomomi la tortue prennent l'ascenseur jusqu'au dernier étage.

Pendant ce temps-là, Guy grimpe l'escalier, Zinzin saute de marche en marche.

Maki se contente de faire un grand pas.

Guy et Zinzin perdent haleine. Finalement, ils se retrouvent derrière Maki.

— Qu'est-ce que c'est dur ! gémit Guy.

— Allez montez sur mon dos. C'est plus facile, leur propose la gentille Maki.

Ouf ! Ils sont arrivés !

— Bravo ! Vous êtes arrivés en même temps, félicite Tomomi qui n'aime pas la compétition.

26

Par contre, Maître ver de terre est déçu en regardant le paysage.

— Nous sommes à 276 mètres, mais malheureusement, on ne peut toujours pas trouver le musée Picasso.

— Vous pouvez monter sur nous pour le chercher, leur propose Maki.

Ainsi, sur le dos de Maki, ce sont Guy et Zinzin qui soutiennent d'abord Tomomi sur qui est montée Madame pomme de terre qui porte Maître ver de terre.

— Là, il y a l'Arc de triomphe, les Champs-Elysées, le Sacré-Cœur, la Seine qui traverse la ville, on trouve aussi Notre-Dame. Le château de Versailles doit être par là. Oups, le musée du Louvre... Ah, ça y est, la place de la Bastille, le musée Picasso doit être par là-bas.

Maître ver de terre est très fier parce qu'il domine Paris.

Tout le monde est content.

— Nous sommes aussi comme la Tour Eiffel, n'est-ce pas ? leur dit Maki.

— Ah ah !

Tout le monde rit.

De retour en bas, ils marchent dans la direction indiquée par notre maître en appréciant ces monuments historiques.

7 みんなでエッフェル塔

22

「地図なしでパリで何ができるっていうのさ？」
とオロオロするギイ。
「もう、おしまいよ。永遠にピカソ美術館にいけっこないわ。」
トモミは、がくんとうなだれます。
「見て、エッフェル塔があるわ。」
マキが呼びかけました。
「上にのぼったら、美術館の場所が見つかるかも！」
ザンザンが、目を輝かせて言いました。

23

それから、みんなは、エッフェル塔の下に到着しました。マダムポテトのお話です。
「みなさん、エッフェル塔の訪問は、予定にありませんでした。全員でエレベーターを使用して最上階にいくと、料金がかかりすぎてしまいます。せめてここにいるどなたかが、エレベーターのかわりに、階段で上の階まで上がっていただけると、大変助かります。」
「ぼく、階段で大丈夫です。」
ギイは、すぐに階段の方へ行ってしまいました。
「待って、アタシが先よ！」
そう言って、ザンザンがギイを追いかけます。
「先生、私も階段で上に行ってみます。」
マキも申し出ました。

24

「ではお願いします。それでは、上でお待ちしますね。後ほど、お会いしましょう！」
マダムポテト、ミミズ先生、トモミはエレベーターで最上階まで行ってしまいました。
いっぽう、ギイは階段を這い上り、ザンザンは一段ずつ階段をカエル跳びします。マキは、大股でらくらくと階段をのぼります。
ハーハー
ギイとザンザンは息も絶え絶えです。とうとうマキに追い越されてしまいました。

25

「こんなに大変だとは思わなかった！」
ギイが苦しんでいると
「お二人さん、わたしの背中にお乗りなさいな。その方が簡単でしょ？」
やさしいマキが呼びかけました。
ふうっ、なんとか到着しました！
「おめでとう！３人揃って一等賞ね。」
競争が嫌いなトモミが仲間の到着を褒めたたえました。

26

ところが、パリの風景を眺めても、ミミズ先生は困った様子。
「私達は、276メートルの高さの所におります。しかし残念ながら、未だにピカソ美術館が見あたらないのです。」
「みんなが私の背中に乗れば、ピカソ美術館が見つかるかもしれない。」
マキが、みんなに提案しました。
というわけで、マキの背中に、ギイが乗り、その上にザンザンが乗って、トモミを支えます。さらに、トモミの上にマダムポテトが乗って、ミミズ先生を支えました。

27

「おお！凱旋門にシャンゼリゼ、サクレ・クール、街の中心を走るセーヌ川、真ん中にノートルダム大聖堂が見えるぞ。あの辺がベルサイユ宮殿かな。おっと、あれがルーブル美術館…、あそこがバスティーユ広場だから、ピカソ美術館はあの辺だ！」
ミミズ先生は、パリ全体を見渡せて最高の気分。みんなも大満足です。
「私たちもエッフェル塔みたいですね。」
と、マキが言うと、
「ハハ！本当だ。」
みんな笑いました。
地上に戻ると、パリの歴史ある建物に圧倒されながら、まきば学校のみんなは、ミミズ先生が示した方向に歩いていきました。

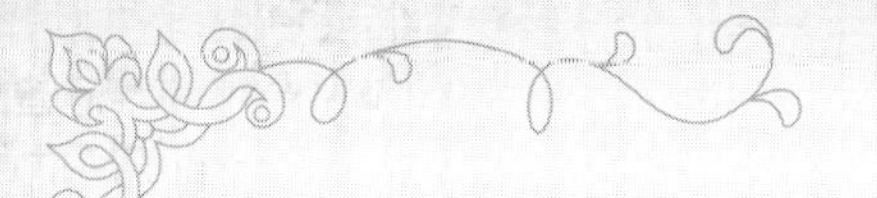

Activité 10

Entoure les 10 différences sur le dessin B et indique-les oralement.
AとBの絵を比べ、Bに違っている所を囲んで、説明してみよう。

Ex. : les frites sont sous la chaise.

8

8

Un quartier parisien

28

— Paris, ce n'est pas si mal !
Zinzin saute de joie sur la carapace de Tomomi.
Sur la route, Madame pomme de terre roule de joie au lieu de se déplacer à pied.
Pourtant à cause de la longue marche, Tomomi commence à souffrir.
— J'ai mal aux pieds !
— À vrai dire, je ne sais plus où nous sommes, avoue Maître ver de terre.
À ce moment-là, un pingouin parisien s'avance en trottant devant eux. Il a une baguette sous le bras.
— Je peux vous aider ?
— Oui, s'il vous plaît. On aimerait aller au musée Picasso.

— L'hôtel Salé ? Vraiment ? C'est très loin. D'abord, vous prenez le métro là-bas. Et vous descendez à la station Saint-Paul.

— D'accord...

— Prenez la rue de Sévigné. Puis vous allez tout droit, prenez la deuxième à gauche. Continuez sur 130 mètres. Le musée est sur votre gauche.

— Je vous remercie beaucoup.

— De rien. Bonne visite !

30

Après le métro, ils découvrent la fleuriste, la caserne des pompiers, la poste, le théâtre, la pharmacie, la librairie, le café, le restaurant, le salon de coiffure, la pâtisserie, le bureau de tabac, etc.

Finalement, la ville est aussi intéressante que le musée !

8 パリの街角

28

「パリってなんか、いい感じ！」
ザンザンはトモミのこうらの上で飛び跳ねます。
コロコロっとマダムポテトは、道を転がります。
ところが、トモミは長いこと歩いたせいで、辛くなってきました。
「脚が痛い！」
「実は、その一、我々は今、どこにいるのか分からなくなりました。」
ミミズ先生がそう言った時、パリに住むペンギンがトコトコやってきたのです。バゲットを小脇に抱えています。
「何かお手伝いしましょうか？」
「はい、お願いします。私達は、ピカソ美術館を探しています。」

29

「オテル・サレですか？とても遠いですよ。まず、向こうにある地下鉄の駅から、サンポールまで行って下さい。」
「分かりました…。」
「セビネ通りを通って、まっすぐ行ってください。二つ目の通りで左へ。130メートルくらい行ってもらうと、美術館が左の方にあります。」
「どうもありがとうございます。」
「どういたしまして。よい観光を！」

30

地下鉄を出ました。みんなは、美術館に向かいながら、花屋、消防署、郵便局、劇場、薬局、本屋、カフェ、レストラン、美容院、ケーキ屋、タバコ屋などを、散策しました。パリの街は、美術館と同じくらい見所がいっぱいなのです！

Activité 11

Écris le nom du lieu sur chaque enseigne.
ヒントを読んで、お店の看板の名前を書いてみよう。

Le café	La boulangerie	Le cinéma	La librairie	La pharmacie

Ex. On y achète des timbres.

1) On y va pour acheter des livres.

2) On y boit un café avec des amis.

3) On y regarde des films.

4) On y achète du pain.

5) On y achète des médicaments.

🔊 9

9

À la recherche du musée Picasso

— Comment ? C'est fermé le lundi !

Guy essaie de lire un petit panneau.

Nos amis de la ferme sont très déçus devant la porte du musée.

— Oh non, c'est dommage. J'aurais tant voulu...

Tomomi se met à pleurer.

— Ne pleure pas. On aura d'autres occasions, la console Zinzin la grenouille.

32

Zinzin chante une comptine pour égayer l'atmosphère.

Les amis de la ferme Les amis de la ferme
C'est bientôt le soir C'est bientôt le soir
Cherchons un hôtel Cherchons un hôtel
Pour faire dodo Pour faire dodo

—Bon, Zinzin a raison. Allez tout le monde, on cherche un hôtel pour dormir, leur propose Madame pomme de terre qui prend son courage à deux mains.

—Madame, on n'a rien mangé depuis ce matin, indique Guy tout énervé.

Tout à coup, Zinzin sursaute en criant.

— Regardez en haut !! Y'a une alouette avec un ver dans son bec. C'est notre maître. Rendez-le-nous !

— Non, c'est mon dîner. Moi, je n'ai jamais goûté une pareille nouille !

Tomomi la tortue avance doucement en regardant vers l'arbre.

—Gentille Miss Alouette ! On dit que vous êtes une grande chanteuse à Paris. Avant votre repas, on aimerait écouter votre chant en souvenir de notre visite.

36

— Oui, si vous voulez...

À ce moment-là, Miss Alouette ouvre son petit bec et hop, notre maître tombe sur le museau du cheval. Le pauvre ! Il est devenu tout vert !

— Zut, mon festin ! s'écrie-t-elle.

Miss Alouette essaie de le rattraper, mais Guy, le chat le plus affamé du monde, bondit sur l'oiseau. Elle s'envole vers le ciel étoilé.

9 ピカソ美術館探し

31

「なんだって？よりによって月曜日が休館日だなんて！」
ギイは、美術館の小さな看板を読みあげました。
まきば学校のみんなは、美術館の扉の前で、残念がりました。
「ひどい、悔しい。あんなに楽しみにしていたのに…」
と泣き出すトモミ。
「泣かないで。また来れるわよ。」
ザンザンがなぐさめました。

32

そこで、ザンザンはみんなが楽しい気分になるように歌い出しました。

まきばの友よ　まきばの友よ
日がくれる　日がくれる
ホテルを探そう　ホテルを探そう
ねんねしよ　ねんねしよ

33

「確かに。ザンザンさんのおっしゃる通りです。さあ、みなさん　ホテルを探して休息しようではありませんか？」
マダムポテトが元気を振り絞って、みんなに呼び掛けました。すると、
「先生、今朝から僕たちは何も食べていないじゃありませんか。」
ギイは、すっかりイライラしています。

34

突然、ザンザンが飛び跳ねて大騒ぎしました。
「あの高い所見て、ヒバリがいる！ミミズ先生をくわえてるわ！先生を返して！」
「イヤよ。わたくしのディナーよ。こんなすばらしいミミズのスパゲッティーを頂くのは、生まれて初めてよ。」

35

トモミがトコトコと歩み出て、木を見上げていいました。
「ああ、心優しいミス・ヒバリさん。あなたは、パリで名高い歌手ではありませんか。お食事の前に、どうか、一曲歌ってくださいませんか？私達の旅の思い出に。」

36

「そう？そんなにおっしゃるなら。オッホン…。」
そのとき、ミス・ヒバリは小さなクチバシをあけました。ヒュー、ポトン。ミミズ先生は、見事、マキの鼻の上に落っこちたのです。かわいそうなミミズ先生！恐怖のあまり、緑色になっています！
「しまった。わたくしのディナーが！」
ミス・ヒバリは叫びました。またミミズ先生を捕まえようとした時、腹ペコのギイが、飛びかかってきました。
ヒュルリ。ヒバリは、泣く泣く星空に飛んで逃げていってしまいました。

Activité 12

🔊 10

Écoute Zinzin. Répète. Puis, chante avec Zinzin.
歌を聞いて、繰り返して、ザンザンと一緒に歌ってみよう。

① Frère Jacques ♫

Frère Jacques Frère Jacques
Dormez-vous Dormez-vous
Sonnez les matines Sonnez les matines
Ding ding dong Ding ding dong

② Ah ! vous dirai-je maman ♫

Ah ! vous dirai-je maman
Ce qui cause mon tourment
Papa veut que je raisonne
Comme une grande personne
Moi je dis que les bonbons
Valent mieux que la raison

10

🔊 11

L'hôtel de l'horreur

37

Il fait déja nuit quand ils arrivent devant un hôtel une étoile près du cimetière.

— « Hôtel Sandwich ».

Guy lit l'enseigne avec curiosité.

38

À la réception, une dame en robe noire avec les cheveux ébouriffés fait son apparition. Elle les dévisage avec ses grands yeux verts...

— Bonsoir, Madame Sandwich. Avez-vous des chambres pour 6 personnes, lui demande poliment notre directrice d'école.

— Vous êtes nombreux, mais nous avons 3 chambres disponibles. Vous serez deux par chambre. Voici les clés.

— Merci. Nous avons très faim. Auriez-vous un service de repas ?

— Oui, nous vous apporterons le repas vers minuit si vous permettez.

Ainsi, Madame pomme de terre et Maître ver de terre se mettent ensemble dans la première chambre, Zinzin et Tomomi dans la deuxième. Guy et Maki dans la troisième.

— J'ai une faim de loup.

Guy est désagréable parce qu'il a très faim.

— Patience, patience, le repas arrive. Maki garde son sang froid.

Toc toc !

— Et voilà !

Quand Maki ouvre la porte, la maîtresse de l'hôtel leur tend une grande assiette.

— Voilà, notre spécialité.

— Qu'est-ce que c'est ?

— De la soupe de pomme de terre froide, un sandwich au steak haché de ver de terre, de la grenouille grillée et du jus de tortue ! Bon appétit !

— Noooon. Ah mes amis ! crie la pauvre Maki en tombant dans les pommes.

— Voilà mon steak de cheval, alors ! ricane la dame en faisant onduler ses cheveux comme des pattes de pieuvre pour l'attraper ! Et Guy le chat... ?

10 おそろしいホテル

37

あたりは、すっかり暗くなりました。みんなは、墓の近くにある、一つ星のホテルを見つけました。

「“ホテルサンドイッチ” か。」

看板を読んだギイは、興味津々です。

38

受付に、髪の毛がチリヂリで、黒い服を着た女の人がぬっと現れました。緑色の大きな目でジロジロ眺めています…。

「こんばんは。マダム・サンドイッチ。6人分の部屋の空きはございますでしょうか？」

マダムポテトが丁寧にたずねました。

「あいにく、全員様分のお部屋はございません。ただし、3部屋空きがありますので、それぞれ、2名ずつならば、お泊まり頂けます。カギはこちらになります。」

「ありがとうございます。実は、その、わたくしども、大変お腹を空かせております。こちらに食事のサービスはございますか？」

「ええ。午前0時くらいまで、お待ち頂けるのであれば、ご用意いたします。」

39
というわけで、マダムポテトとミミズ先生が、１つ目の部屋に入りました。ザンザンとトモミが２つ目の部屋に、ギイとマキが３つ目の部屋に入りました。
「ああ、お腹がペコペコだ。」
ギイは、お腹が空きすぎて、すっかり我を失っています。
「がまん、がまん。もうすぐ食事がくるわよ。」
マキは、いたって冷静です。
トントン！
「ほら、きた！」

40
マキが扉を開けると、マダム・サンドイッチが大皿を持ってきました。
「こちらが、わがホテル特製のお料理でございます。」
「なんですか、これは？」
「冷たいポテトのスープ、ミミズのハンバーグサンドイッチ、カエルの串焼き、カメのジュース。どうぞ、召し上がれ！」
「キャアァァァー！」
マキは叫びながら、ばったり気を失ってしまいました。

41
「オーホッホッ、今度は私が、馬のステーキを頂きましょう！」
せせら笑うマダム·サンドイッチ。マキを捕まえようと、髪の毛が、タコの脚のように、ニュルニュルのびました。
ピンチ！それなのに、ギイはいません。ギイはどこ…？

Écris les mots sur chaque bocal selon leur son.
ビンの中に、同じ音のグループの単語を書いてみよう。

poisson eau tomber matin orange bisou maison cheveux

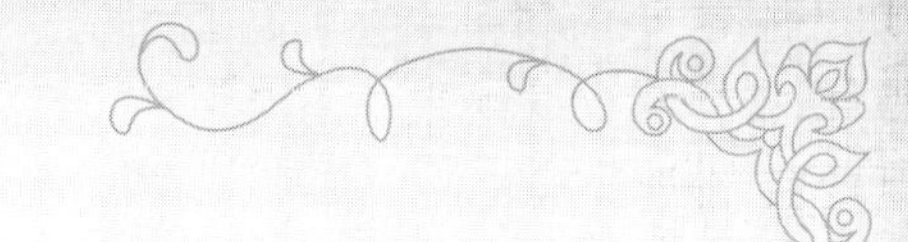

Activité 14

De quoi as-tu peur ? De quoi n'as-tu pas peur ? Relie et recopie.
何が怖い？何が怖くない？絵と文字を結んでみよう。次に、怖いものと怖くないものを書いてみよう。

- des squelettes
- des cafards
- des fantômes
- des serpents
- des sorcières
- des insectes

J'ai peur... Ex. : j'ai peur des araignées.

Je n'ai pas peur... Ex. : je n'ai pas peur des pieuvres.

12

11

Le Cinéma d'Éric

— Arrête ! Calme-toi !

Maki crie de toutes ses forces.

Mais Guy s'est transformé. Le chat est devenu le fauve le plus affamé du monde.

Il saute au visage de Madame Sandwich qui devient toute rouge et on ne voit plus que ses crocs !

— Mademoiseeeelle. Réveillez-vous. Vous dormez trop.
Maki se réveille en sursaut. Elle est effrayée par la grande gueule du crocodile.

— Mille pardons, ne me mangez pas ! Je vous en supplie !

— Je ne vous mangerai pas. Je ne suis plus carnivore, mais herbivore, haha. Vous êtes tous dans mon cinéma, le cinéma d'Éric depuis hier soir mais vous dormez sans regarder mon film « Rayon rouge ». Quel dommage !

— Je croyais qu'on était tous à l'hôtel Sandwich…

— Quel sandwich ? J'adore les sandwichs aux cornichons moi, rigole Éric le crocodile, le directeur du cinéma.

44

Maki regarde autour d'elle. C'est vrai, Madame pomme de terre, Maître ver de terre, Zinzin et Tomomi dorment à poings fermés sur leur siège.

Ouf ! Ils n'ont pas été cuisinés par la méchante sorcière de l'hôtel ! Mais Guy a disparu.

— Vous cherchez quoi, mademoiselle ? Votre camarade le chat ? Il dort en face derrière le rideau de l'écran, là-bas.

Maki voit seulement la queue de Guy dépasser du rideau.

— Bon. J'allume la salle alors.

Le directeur du cinéma met la lumière. Maki réveille ses camarades de la ferme.

46

Maki pleure encore. Madame pomme de terre voit les larmes de Maki.

— Ah, ma douce Maki, pourquoi pleures-tu ?

— Parce que... je croyais que vous étiez transformés en nourriture.

— Mais non ma chérie, on ne nous a rien fait ! Tu ne te souviens pas qu'on n'a pas pu avoir de chambre parce que l'hôtel était complet ?

— Alors, on a décidé de passer la nuit dans ce cinéma qui propose une nocturne, ajoute Maître ver de terre.

— Non désolée, je ne m'en souviens pas du tout. J'étais trop fatiguée.

Maki rougit.

— Malheureusement, mon cinéma n'est pas un hôtel pour faire dodo, mais un endroit pour voir mes films.

— Vos films ?

Guy les rejoint en s'étirant.

— Oui. Tourner des films dans la journée, c'est ma grande joie. Et ici, j'ai aussi le plaisir de les présenter la nuit. Je m'appelle Éric. Si vous vous intéressez au métier d'acteur, je vous emmènerai à la plage de Nice dans mon monospace.

—Avec plaisir monsieur. Le jeu de rôle est une bonne technique éducative pour les enfants, admet Madame pomme de terre.

—La mer à Nice ! Trop chouette ! N・I・C・E ! Nice !

Zinzin folle de joie saute jusqu'au plafond de la salle du cinéma.

—On y va. J'en ai assez de Paris, dit Guy.

—Attendez, vous oubliez le musée Picasso !

Tomomi n'est pas d'accord.

— Pas de souci. À côté de la plage, il y a le musée Matisse.

— Matisse ? C'est mon peintre préféré !

Tomomi a le visage radieux.

— Si vous voulez, après le tournage du film, je vous laisserai le visiter. Puis je vous ramènerai jusqu'à l'école.

— C'est impeccable. Ça sera certainement une bonne expérience pour nous.

Maître ver de terre est ravi lui aussi.

11 エリックの映画館

42

「ギイ、やめて！」
マキはわめきました。
そこにいるギイは、いつものギイではありません。あまりにも飢えすぎて猛獣になってしまったのです。
ワッとマダム・サンドイッチの顔を目がけて飛びかかりました。真っ赤に染まるマダム・サンドイッチ。目に映るのは、ギイのキバだけです！

43

「おじょうさあーーん。おきてくださあーい。寝すぎですよ。」
マキは飛び起きました。ワニの大きな口を見て慌てふためくマキ。
「許してください。私を食べないで！どうかお願いです！」
「あなたの肉なんか、食べるもんですか。僕は肉食をやめた草食系ワニですから。ガーハッハッ。それにしても君たちってひどいな。夜、映画館エリックに来てくれたと思ったら、僕が制作した映画『赤い光線』を見ないで寝ちゃうんだから。がっかりだよ！」
「私たちみんな、ホテルサンドイッチにいるかと思ってました。」
「どんなサンドイッチ？キュウリのサンドイッチなら、僕の大好物だけど。」
ワニのエリックは、冗談を言いました。

44

マキは辺りを見回しました。確かに、マダムポテト、ミミズ先生、ザンザン、トモミも映画館の座席でぐっすり眠っています。よかった！意地の悪い魔女みたいなマダム・サンドイッチの料理になっていなかったのです！だけど、ギイが見あたりません。

45

「お嬢さん、何を探してるんだい？もしや、仲間のネコ君のことかい？ほら、正面スクリーンのあそこのカーテンの後ろで寝ているよ。」

確かに、カーテンからギイのシッポがはみ出ています。

「さて、館内の電気をつけるとしよう。」

ワニのエリックは、パシャッと明かりをつけました。マキは、みんなを起こします。

46

マキの目に、また、ぼわんと涙がうかびました。マダムポテトは、マキの涙に気がついて、

「マキさん、どうして泣いてらっしゃるの？」

「だって…、みんな料理されてしまったと思ったんです。」

「まあ、そんなことあるわけないじゃありませんか！ホテルは満室で、宿泊できなかったんですから。お忘れになったの？」

「その後、一晩中映画の上映をしているこの映画館で、一夜を明かすことになったんです。」

ミミズ先生が、説明しました。

「すいません、全く覚えてないんです。とっても疲れていたみたいです。」

マキが赤くなりました。

47

「あのー、残念ながら、僕の映画館は、ホテルではありませんよ。僕の作品を鑑賞する場所です。」

「おじさんの映画？」

ギイが背伸びしながら、話の中に入ってきました。

「そうだとも。昼間は映画の撮影が僕の楽しみ、夜は映画館で、僕の作品を上映するのが喜びなのさ。僕の名前はエリック。もし、君たちが役者になってくれるんだったら、僕のミニバンでニースのビーチに連れていってあげるよ。」

48

「喜んでご一緒しますわ。エリックさん。演劇は、子供の教育に大変良いと言われておりますから。」
マダムポテトが賛成しました。
「ニースの海だって！最高じゃない！ナイス！ニース！」
ザンザンは、喜び過ぎて、映画館の天井まで飛び上がってしまいました。
「行こうぜ。パリは、もうたくさんだ。」
ギイが言うと、
「待って。みんな、ピカソ美術館に行かないつもりなの？」
トモミが反対しました。

49

「美術館なら心配ないさ。ビーチの近くにマティス美術館があるからね。」
「マティス？わたくしの大好きな画家じゃないの！」
トモミの顔がパッと明るくなりました。
「なんなら撮影が終わったら、美術館に行ったらいいじゃない？その後、君たちを学校まで送っていってあげよう。」
「完璧です。我々にとって、素晴らしい経験になること間違いなしです。」
ミミズ先生も大喜びです。

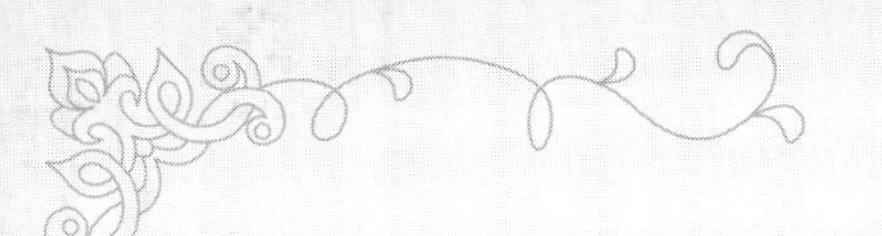

Activité 15

Bricolage en 5 minutes : portrait-robot. Quel acteur ! Quelle actrice !
キャラクターの組み合わせ遊びができるミニ本を作ろう。

Matériel 3 cartes postales blanches, colle, ciseaux, feutres

1. Plie les 3 cartes postales en deux.

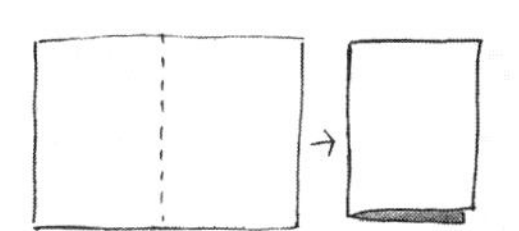

2. Sur chaque carte pliée, trace 2 traits pour faire 3 bandes de 3,5 cm, 3 cm et 3,5 cm de large.

3. Mets les 3 cartes pliées l'une sur l'autre.

4. Ouvre les 3 cartes au milieu et colle les 3 pages de droite ensemble.

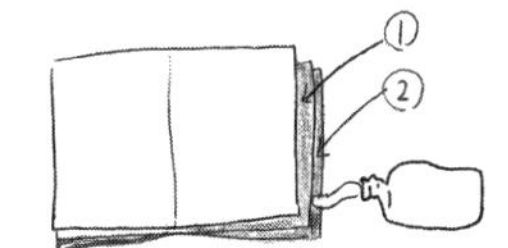

5. Découpe les 3 pages de gauche en suivant les traits.

6. Sur chaque bande, dessine une partie de ton personnage.

Exemple

Première page

2ème page

3ème page

4ème page

Compose toi-même ton personnage!

Activité 16

Jeu de l'oie. Lance le dé et joue !
サイコロを投げ、止まったマスの質問に答え、すごろく遊びをしよう。

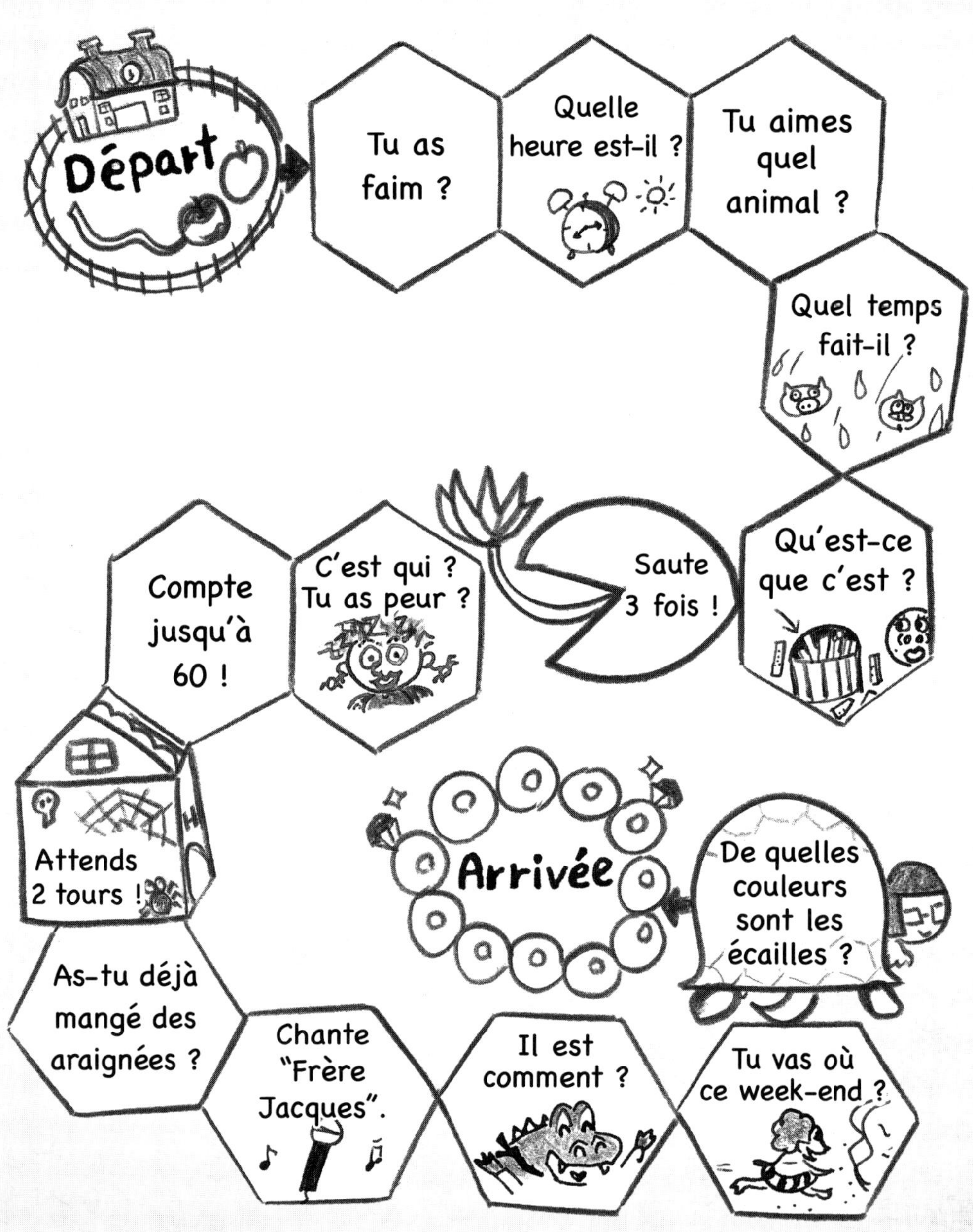

À NICE

12

13

Tournage à la plage

50

Dans le monospace d'Éric en route vers la côte d'Azur, nos amis de la ferme retrouvent leur gaieté, sauf Maki et Maître ver de terre.

— Zut, j'aurais dû apporter mon maillot de bain !

Maki pousse un soupir.

— Matisse, ça me dit quelque chose... Ah, mais c'est lui qui a conçu une technique magique pour nettoyer les couleurs. J'ai appris ça dans un livre. Donc, donc, je me suis trompé ! Ce n'est pas Picasso !

Maître ver de terre, qui oublie souvent des choses importantes, annonce cette bonne nouvelle. Bien sûr, c'est Tomomi qui est la plus contente !

51

En arrivant, Éric leur donne des consignes.

—Je voudrais que vous vous amusiez de manière naturelle sans penser à ma caméra. Guy, peux-tu jouer le rôle du marchand de glaces. Maki, le rôle d'une demoiselle qui achète une glace. Mais tu laisses tomber la glace sur ta robe. Le vendeur s'excuse. Grâce à cet incident, vous allez tomber amoureux. C'est pour ça que mon film s'appelle « Un coup de glace ! » au lieu de s'appeler « Un coup de foudre », haha.

52

— Mais je préfère mettre un maillot de bain comme costume si tu en as un, dit timidement Maki.

— Non, tu es jolie comme ça avec ta robe à pois.

— Bon, d'accord.

— Éric, puis-je aller au musée Matisse après le film ? J'ai hâte d'admirer ses œuvres, lui demande Tomomi.

— Tu n'as pas de chance aujourd'hui car le musée est fermé le mardi.

— Encore !

— On ira demain, c'est promis.

Éric le crocodile cligne de l'œil.

53

Ainsi, Tomomi prépare sa leçon sur Matisse pour le lendemain en s'asseyant sur une serviette de bain. Zinzin fait un château de sable. Madame pomme de terre et Maître ver de terre se baignent dans la mer avec leur bouée pour la première fois.

Et nos Guy et Maki...?

— Une glace à la fraise, s'il vous plaît.

— Voilà mademoiselle.

Guy se penche pour passer la glace à Maki. Il essaie d'atteindre son museau.

Maki se dégage vivement. La glace tombe sur sa robe.

56

— *Qu'est-ce qui vous prend ?*
— *Écoutez-moi, je ne devrais pas vous le dire, mais je suis amoureux de vous depuis que vous fréquentez cette plage.*
— *Vous plaisantez ou quoi ? Ah, ma robe ! Vous êtes fou !*
— *Oui, en effet. Je suis fou de vous.*
— *Je n'ai pas du tout envie qu'on me parle d'amour en ce moment, surtout pas dans cet état. Bon, je vous dois combien ?*
— *Je n'ai pas besoin de sous. Mais j'ai besoin de vous. Vous m'avez tapé dans l'œil. Nous allons passer un moment délicieux en léchant la glace ensemble.*
— *Ça va pas non ?? Cessez de me parler comme ça. Fichez-moi la paix !*
Maki lui tourne le dos, traverse la plage et remonte l'escalier qui mène au chemin. Guy la suit avec une autre glace à la fraise à la main.
— *Attendez ! Il est temps que vous connaissiez le loup !!!*

57

— Coupeeez !

Éric le crocodile est très content.

— Vous allez très bien ensemble ! Quelle improvisation ! Vous avez du talent !

Éric le crocodile fait signe d'arrêter le tournage en levant son bras.

— OK, vous êtes libérés. Profitez bien de vos vacances !

12 ビーチで撮影

50

エリックのミニバンは、コート・ダジュールに向かいます。持ち前の陽気さが戻り、まきば学校のみんなは心弾ませます。でも、マキとミミズ先生はうかない様子…。

「あーあ、水着を持ってくれば良かった！」

マキはため息をつきます。

「マティス、うーむ、何かひっかかるぞ…。そうだ！色をピカピカにきれいにする方法を編み出したのは、マティスではないか。昔、本で読んだことがあるぞ。とんだ勘違いだ！ピカソじゃなかったんだ！」

時々、大切なことを忘れてしまうミミズ先生。このことをみんなに知らせました。

トモミが一番喜んだのは言うまでもありません。

51

到着してすぐ、エリックは、みんなに撮影の指示を出しました。

「みんな、カメラのことは忘れて、自然体で演技をしてもらいたい。ギイ、君はアイスクリーム屋になってくれるかい？マキ、君はアイスを買うお嬢さん役だ。ところが、アイスが君のワンピースに落ちてしまって、アイスクリーム屋が謝る。だけどこのハプニングのおかげで、君たちは恋に落ちるんだ。だから、映画のタイトルは『恋に落ちて』ではなく、『アイスが落ちて』なんだ。ガーハッハッ。」

52

「あのー、もし、水着のご用意があるなら、水着を着たいです。」

マキが、恥ずかしそうに言いました。

「いや、君はね、今着ている水玉のワンピースで素敵なんだよ。」

「そうですか、分かりました。」

「エリックさん、撮影終了後、マティス美術館に行ってもよいでしょうか？早く作品を見たいんです。」

トモミが、たずねました。

「今日は、無理だね。火曜日は、美術館は休みなんだよ。」

「またー！」

「明日は行けるよ。絶対に。」

エリックはウインクします。

53 ビーチでは、トモミは、バスタオルの上に座り、明日マティスの作品を楽しめるよう予習しました。ザンザンは、砂の城作り。マダムポテトとミミズ先生は、初めて海を浮き輪でプカプカ泳ぎました。さて、ギイとマキはどうなったのでしょう？

54 *「イチゴアイス、くださいな。」*
「お嬢さん、はいどうぞ。」

55 *アイスを渡す時、マキの鼻先に顔を近づけるギイ。*
パッと顔をそらすマキ。アイスがワンピースに、ボトッと落下。

56 *「ちょっと、どういうこと？」*
「聞いて下さい。こんなことを言うべきではないのでしょうが、あなたがこのビーチに来てから、あなたを好きになってしまったんです。」
「私のこと馬鹿にしてるの？あーあ、私のワンピース！変な人！」
「はい、そうですとも。恋に焦がれて、頭がおかしいのです。」
「今こんなひどいありさまで、恋の話なんてしたくないわ！とりあえず、お支払いします。いくらですか？」
「お金は要りません。でも、あなたが必要です。一目惚れです。仲良く一緒にアイスを食べながら、甘い時間を過ごしましょう。」
「ほんと、もうやめて。ほっといてちょうだい！」
マキはプイッとそっぽを向いて、ビーチを横切り、階段を登って歩道に行ってしまいました。ギイは、新しいイチゴアイスを持って追いかけます。
「待っておくれ！君は、恋を知らなきゃいけない年頃なんだ!!!」

57 「カーット！」
エリックは　大満足です。
「君たち、息がぴったりだね。すごく良かったよ！才能あるよ！」
次にエリックは、手をあげ、みんなに撮影終了の合図をしました。
「オッケー。あとは自由だ。休みを満喫したまえ！」

Activité 17

🔊 14

Répète de plus en plus vite !
だんだん早口で読んでみよう。

Un chat sans chaussures cherche un chapeau dans son champ de chou.

2

Chaque matin, Zinzin prend son pain avec un pingouin parisien malin.

3

La jeune jument qui pleure a peur de la pieuvre jaune au foulard à fleurs.

13

15

La carapace arc-en-ciel

58

Le lendemain, mercredi, enfin ils vont tous au musée Matisse.

Tomomi est trop contente d'admirer les vraies peintures.

— Quelles belles compositions !

Alors que Tomomi contemple seule les œuvres de Matisse, un groupe de touristes japonais s'arrête pour prendre des photos de Tomomi.

— C'est la plus originale de tout ce musée.

— Sugoï !! Sutekii !!

Tomomi comprend ce qu'ils disent : ils admirent les motifs colorés peints sur sa carapace.

Zinzin, Maki et Guy essaient de trouver le petit manuscrit de Matisse dont leur professeur a parlé.

Zinzin saute d'excitation.

— Ça y est, je l'ai trouvé. Venez iciiii !

Maki lit :

"Pour nettoyer les couleurs, il faut les frotter 1 000 fois jusqu'au dernier rayon du soleil couchant."

— Attends, je veux noter.

Guy prend un stylo et une feuille. Maki lui lit lentement le texte et Guy le note soigneusement.

61

— Tomomi, on va sortir et nettoyer ensemble ta carapace dans le jardin du musée avant que le soleil se couche, lui dit Zinzin.

— Oui, mais…, Tomomi hésite.

Mais ses camarades se mettent au travail pour nettoyer à fond chaque écaille de la carapace sous la lumière méditerranéenne.

— Aïe, faites doucement.

— C'est bizarre. Ça commence à briller ! s'exclame Guy.

— Je me suis encore trompé ! s'inquiète Maître ver de terre.

62

— Matisse a menti et a écrit n'importe quoi ! dit Zinzin, éclatant en sanglots.

— Tomomi, je suis vraiment désolée. C'est à cause de moi. C'est de ma faute !!!

Inconsolable, Zinzin pleure, pleure et pleure encore. Ses larmes tombent sur la carapace de Tomomi alors que les cigales se mettent à chanter joyeusement.

Mais qu'est-ce qu'elle est jolie, cette carapace ! Chaque écaille brille comme une pierre précieuse dans l'eau.

64

Ils frottent tout de même encore la carapace avec un chiffon. Alors, elle se met à scintiller comme un prisme aux mille couleurs sous la lumière du soleil couchant qui est en train de disparaître derrière l'horizon. Chaque écaille prend la couleur de l'arc-en-ciel. C'est vraiment beau !

— Merci tout le monde, ça suffit. En fait, ma carapace me plaît beaucoup plus qu'avant. Elle ressemble à une œuvre de Matisse, n'est-ce pas ? En plus, elle brille.

— Voilà, Tomomi est vraiment resplendissante, résume Guy.

66

Pendant qu'Éric les ramènent jusqu'à leur ferme en Normandie, ils s'endorment de fatigue. Mais Guy et Maki restent éveillés pour parler de leur bel avenir...

13 虹色こうら

58

翌日の水曜日、とうとう　みんなは、マティス美術館を訪れました。トモミは、本物の作品を鑑賞できて大喜びです。
「ああ、なんて見事な構成なの！」

59

トモミがひとり絵をじっくり眺めていると、日本人の観光客のグループがやってきて、パシャッパシャッとトモミの写真を撮るではありませんか。
「美術館で、一番独創的だ。」
「すごい !! 素敵 !!」
トモミは、彼らが何を言っているのか理解できました。
トモミのカラフルなこうらの模様を、絶賛しているのです。

60

一方、ザンザンとマキとギイは、ミミズ先生が言っていた色をピカピカにきれいにする方法が書かれた紙を探しています。
ザンザンが興奮して飛び跳ねました。
「あった！見つけた。こっち来てぇぇー！」
マキが読み上げます。
「“色をピカピカにきれいにするためには、夕陽が最後の光を放つまで、1000 回磨き上げるとよい。”」
「待って、メモする。」
ギイは、鉛筆と紙を用意しました。マキは、ギイがちゃんと書き留められるよう、ゆっくり読んであげました。ギイは丁寧に文字を書きました。

61

「トモミ、美術館を出るよ。庭で夕陽が沈むまで、みんなでこうらをピカピカに磨いてあげる。」
「ううん…。だけど…。」
トモミは、ためらいました。地中海の日差しを浴びながら、まきば学校のみんなはこうらの模様ひとつひとつを徹底的に磨きはじめました。
「イタタッ。優しく磨いてったら。」
「おかしいなあ。なんか光ってきたぞ。」
ギイが言いました。
「どうしよう。また私の勘違いだったら！」
ミミズ先生は、不安でいっぱいです。

62

「マティスの大嘘つき！でたらめを書いたのよ！」
そういうと、ザンザンは、ワッと泣き崩れました。
「トモミ、本当にごめんなさい。悪いのはアタシよ。アタシのせいで、一生、こうらに色がついたままだわ！」
セミが楽しく鳴いている中、号泣するザンザン。涙がとめどなくボトーン、ボトーンとトモミのこうらの上に落ちました。

63

あらまあ、なんと、美しいこうらでしょう！模様のひとつひとつが、水の中の宝石のように、ピカン、ピカーンと光り輝くではありませんか！

64

まきば学校のみんなは、ハンカチでさらにこうらを磨き続けました。地平線に沈む最後の夕陽の光を浴びた時、こうらはたくさんの色が織りなすプリズムを作ってキラキラと輝きを放ちました。こうらの模様は虹色になりました。最高に綺麗です！

65

「ありがとう、みんな。もう大丈夫。実はわたくし、自分のこうら、前よりとっても気に入ってるの。マティスの作品みたいに、独創的でしょ？おまけに、ピカピカ光るし。」
「よかった、トモミ、本当に眩しいくらい素敵になったよ。」
ギイが言いました。

66

エリックが、ノルマンディーのまきば学校まで運転をしています。みんなは疲れてぐっすり眠っています。だけど、ギイとマキは、おしゃべりに夢中。二人の輝かしい未来について語り合うのでした…。

Activité 18

Bricolage en 5 minutes : Notre-Dame de Tomomi

透明スプーンを使って、ノートル・ダム・ド・トモミを作ろう。

Matériel une cuillère transparente, un petit carton, feutres, ciseaux, agrafeuse

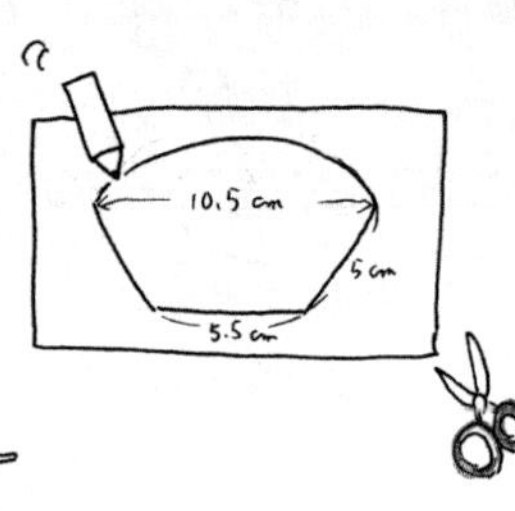

1. Coupe le carton en forme de cornet en suivant le modèle.

2. Dessine et colorie.

en bas

3. Enroule le cornet et agrafe-le.

4. Avec le feutre noir, dessine la carapace de Tomomi à l'extérieur de la cuillère.
5. Colorie chaque écaille à l'intérieur de la cuillère.
6. Mets la cuillère dans le cornet et fais glisser de haut en bas.

14

16

Où sont les alliances ?

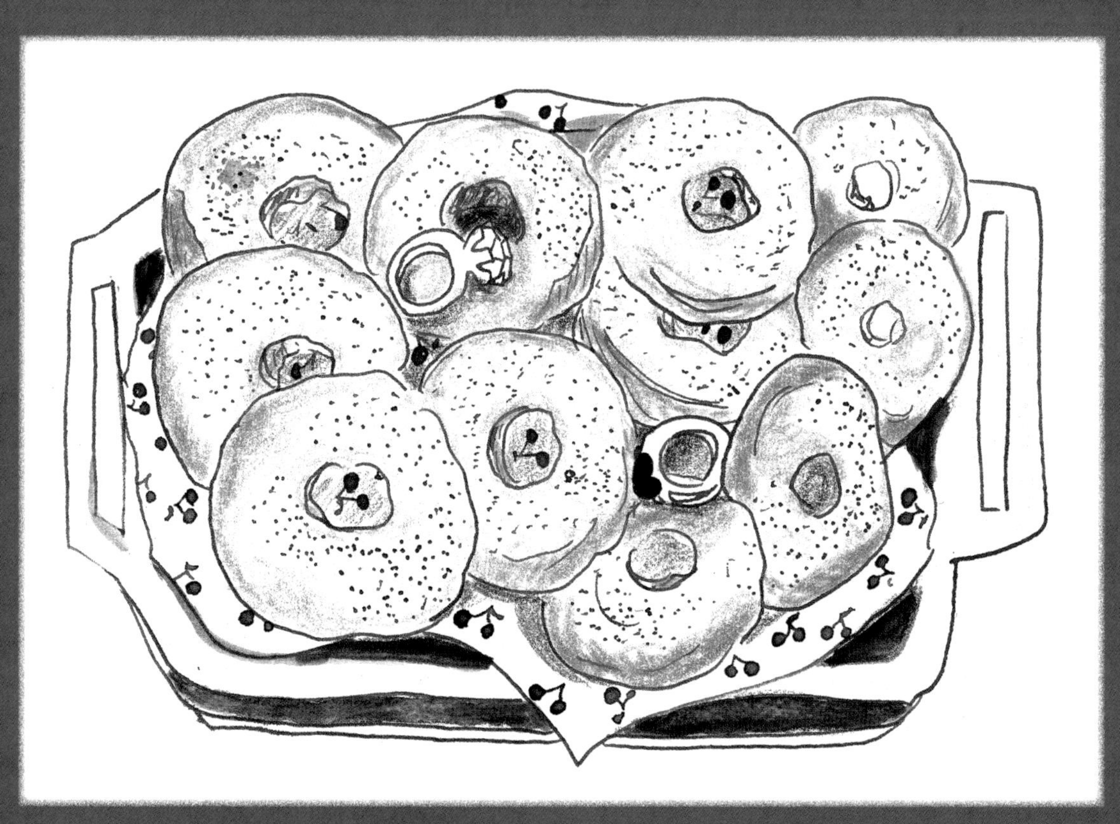

Les années passent.

Madame pomme de terre n'est plus à l'école, mais elle a donné beaucoup de petites pommes de terre après avoir pris sa retraite dans la terre.

Maître ver de terre est devenu long comme un petit serpent. Comme il est aussi retraité, il cultive la terre.

Zinzin a eu beaucoup de petites grenouilles. C'est une bonne grand-mère. Elle adore s'occuper de ses petits enfants.

Tomomi la tortue reste toujours intelligente et jeune. Elle est devenue maîtresse d'école en art contemporain. Elle transmet sa passion pour toutes les nuances de couleurs aux élèves.

Et nos Guy et Maki ? Là, aujourd'hui, c'est un jour très spécial. Puisqu'ils se marient. Chat et jument !!

Maki est en robe blanche.

— Ah, comme tu es belle !

Tout le monde l'admire. Guy porte un costume blanc avec un nœud papillon noir.

— Tu es formidable !

Maki l'aime depuis qu'il lui a écrit des lettres d'amour. Guy l'adore puisqu'elle est patiente. Elle est toujours à côté de lui pendant les moments difficiles surtout quand il a faim.

Ils se font un bisou.

Mais où sont leurs alliances ?

71

— Attention, les beignets arrivent.

C'est Tête de cochon qui apporte des beignets aux fruits avec bonne humeur.

Tout le monde adore les fruits (pomme, pêche, poire, abricot, raisin, orange, cerise, ananas).

— On n'aime pas être attachés par un objet. Vive la liberté, dit Maki.

— Mais on aime manger tous les jours des beignets en forme d'alliance ! dit Guy en portant un toast.

— À votre santé !

Nos amis de la ferme sont tout joyeux devant le grand banquet. Au chant mélodieux de Miss Alouette, la carapace de Tomomi brille comme une boule de boîte de nuit. Ils s'amusent en mangeant, chantant et dansant durant 3 mois !

Éric le crocodile ne manque pas de tourner cette scène formidable pour faire un nouveau film.

14 結婚指輪はどこに？

67

あれから月日が流れました。
マダムポテトは、まきば学校にはもういませんでした。退職して土の中に、たくさんの小さなジャガイモを作りました。
ミミズ先生は、小さなヘビのように体が長くなりました。ミミズ先生も退職して、土を耕しています。
ザンザンは、カエルの卵をたくさん産みました。今は、元気のいいおばあちゃんです。孫のお世話を楽しんでいます。

68

トモミは、いつも、かしこく、若々しいままです。現代美術学校で、生徒にあらゆる色のニュアンスを熱心に教えてくれる先生になりました。

69

それでは、ギイとマキは　どうなったと思いますか？
実は、二人は結婚するんです。今日は、なんと猫と馬の結婚式が行われる特別な日なんです！
白いドレスのマキが登場しました。
「マキ、とってもキレイ！」
みんなは、花嫁のマキに見とれました。
ギイは、白いスーツに、黒い蝶ネクタイ。
「ギイ、素敵よ！」
ギイは、マキに何枚ものラブレターを書きました。ギイは、マキのとても我慢強い所が好きでした。ギイがお腹をすかせてイライラして大変な時でも、マキはいつも一緒にいてくれるのです。

70

二人は誓いのキスをしました。
あれれ、結婚指輪がありませんよ。どこにあるのでしょう？

71

「おっと、気をつけて、ドーナツリングのおとおりだーい。」
ブタ・アタマが、フルーツドーナツを上機嫌で運んできました。
みんなの大好物、フルーツ。りんご、もも、なし、アプリコット、ブドウ、みかん、サクランボ、パイナップル、なんでも入っています。
「私たち、モノでつながれるのはキライなの。自由万歳。」
マキが言いました。
「そうだ、指輪の形のドーナツリングを一緒に毎日食べれば、胃袋がつながるさ！」
そういって、ギイがグラスを持ちあげました。
「乾杯！」

72

まきば学校のみんなで、ごちそうを囲んで宴会です。ミス・ヒバリの歌のメロディーにあわせて、トモミのこうらが、ディスコのミラーボールのように光ります。食べたり、歌ったり、踊ったり、パーティは３ヶ月も続きました。エリックはこの幸せな宴を撮影し、新しい映画を作ったということです。

Activité 19

Qu'est-ce que tu voudrais comme robe? Colorie et complète la bulle de Tomomi.
どのドレスがほしい？　色ぬりし、吹き出しにトモミのセリフを書いてみよう。

▷ une robe blanche

◀ une robe violette

▷ une robe noire

◀ une robe marron

▷ une robe verte

◀ une robe bleue

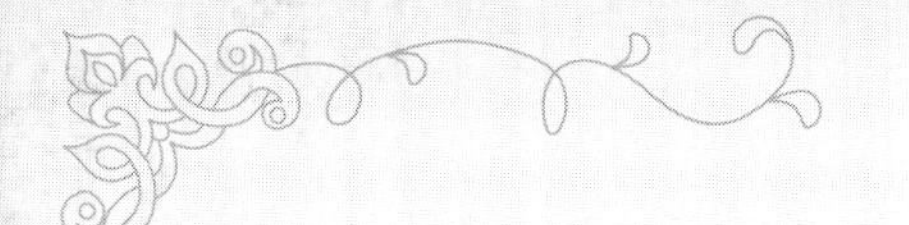

Activité 20

Fais toi-même le gâteau pour l'apporter à la fête !
さくらんぼのクラフティを手作りして、お友達のパーティに持って行こう。

Le clafoutis aux cerises (un plat de 23 cm de diamètre)

Préparation : **15 minutes**　Cuisson : **30 - 40 minutes**

Ingrédients

- 400 g de cerises sans noyau ou 430 g de cerises avec noyau
- 50 g de farine
- 100 g de sucre
- 25 cl de lait
- une pincée de sel
- 2 œufs
- 1,5 - 2 cuillères à soupe de Kirsch
- 10 g de beurre pour le plat

1. Enlever les noyaux des cerises.
2. Préchauffer un four à 180 degrés.
3. Dans un bol, mettre la farine, le sucre, le sel et les œufs et les mélanger.
4. Ajouter petit à petit le lait au mélange et ajouter aussi le Kirsch.
5. Tamiser.
6. Beurrer le plat.
7. Mettre les cerises dans le plat.
8. Verser le mélange dans le plat.
9. Faire cuire au four à 180 degrés pendant 30 - 40 minutes.

Recette de Nizeki Mari

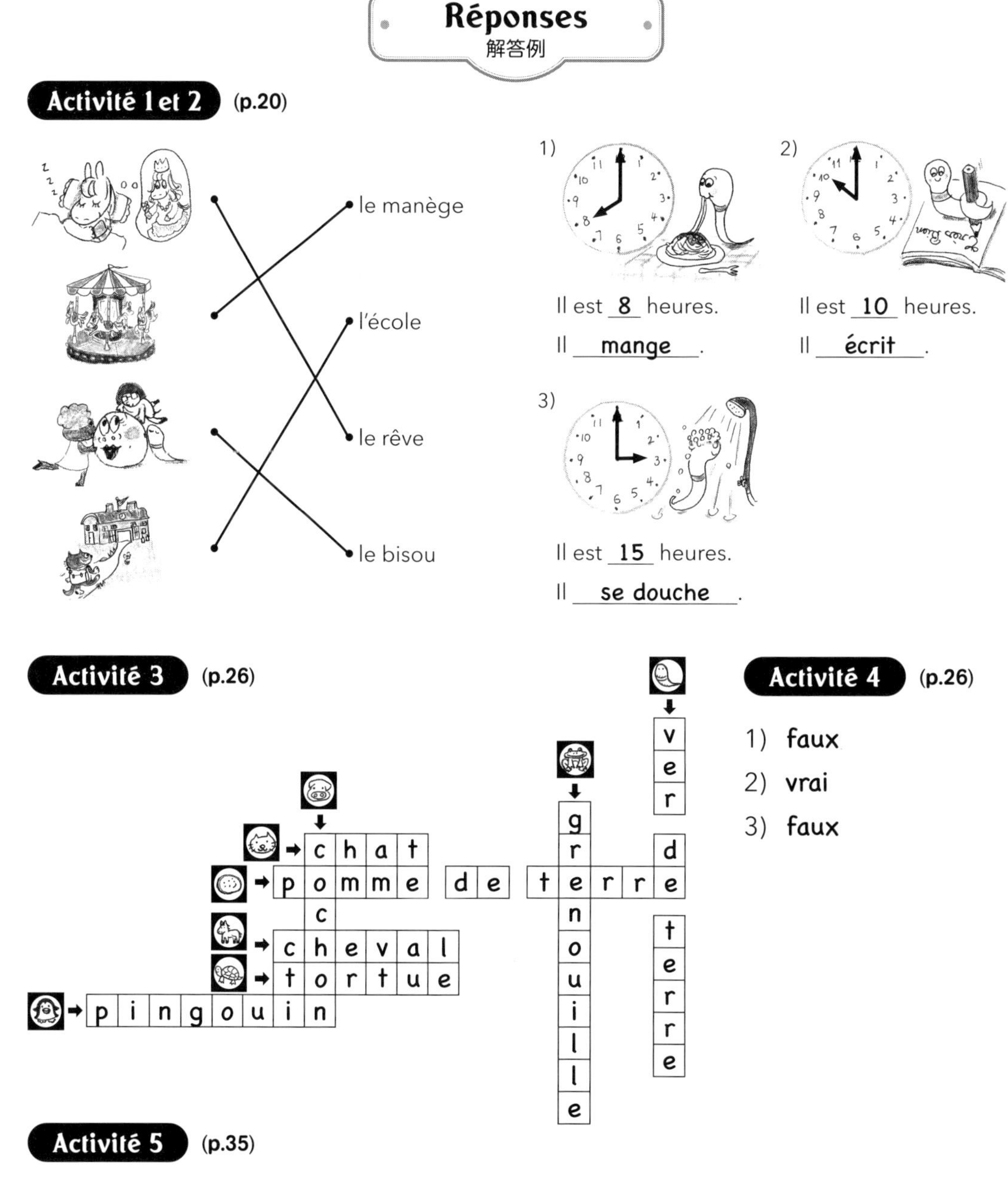

Activité 5 (p.35)

Aujourd'hui, après l'école, je suis rentrée avec Guy, Zinzin et Tomomi. On est allés au marais. J'ai vu des lotus. C'était magnifique. Guy est tombé dans le marais. On l'a sauvé. Il a mangé beaucoup de poissons. Ma robe est devenue très sale à cause de la boue.

Activité 6 (p.36)

Activité 7 (p.48)

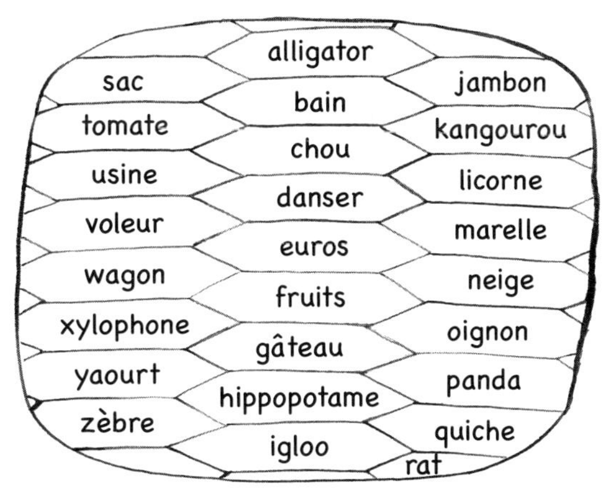

Activité 8 (p.56)

1. bleu + rouge = violet
2. rouge + blanc = rose
3. jaune + bleu = vert
4. jaune + rouge = orange

Activité 9 (p.64)

à pied / en train / à vélo /
en métro / en voiture / en avion /
en bateau / en ballon / en moto /
en fusée / en bus / en camion

Activité 10 (p.74)

1. Guy n'est pas à gauche de la coiffeuse.
2. Dans le miroir, il y a Madame pomme de terre qui sourit.
3. Il est 9 heures.
4. Madame pomme de terre n'a pas de cheveux.
5. Madame pomme de terre est surprise.
6. La coiffeuse a une brosse à cheveux.
7. La coiffeuse a l'air ennuyé.
8. Maître ver de terre est dans la tasse à café.
9. Zinzin regarde dans le salon de coiffure à travers la vitrine.
10. Maki n'est pas à droite du café.

Activité 11 (p.80)

Activité 13 (p.99)

Activité 14 (p.100)

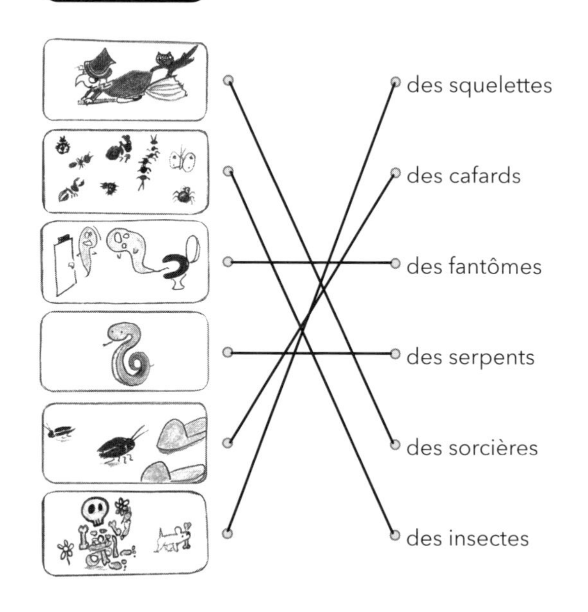

Activité 14 (p.100)

J'ai peur... J'ai peur des squelettes. /J'ai peur des sorcières. /J'ai peur des serpents.

Je n'ai pas peur... Je n'ai pas peur des fantômes./ Je n'ai pas peur des cafards./Je n'ai pas peur des insectes.

Activité 15 (p.113)

キャラクターの組み合わせ遊びができるミニ本を作ろう。

材料：白いポストカード３枚、のり、ハサミ、カラーペン

1. ポストカード３枚、半分に折る。

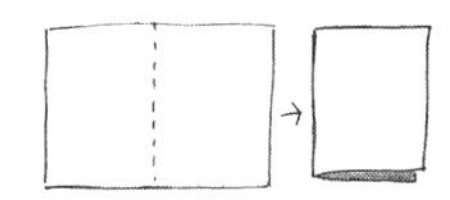

2. 折ったカードの各表面に 3.5 cm、3 cm、3.5 cm 幅で２本線を引く。
3. カード３枚を重ねる。
4. カード３枚を重ねたまま、真ん中を開き、右側のページをノリでくっつける。

5. 線にそって、左側のページに切れ目を入れる。

6. 頭、身体、脚をイメージし、キャラクターの全身を描く。全部で４つのキャラクターの絵ができる。

例

１枚目

２枚目

３枚目

４枚目

Activité 16 (p.114)

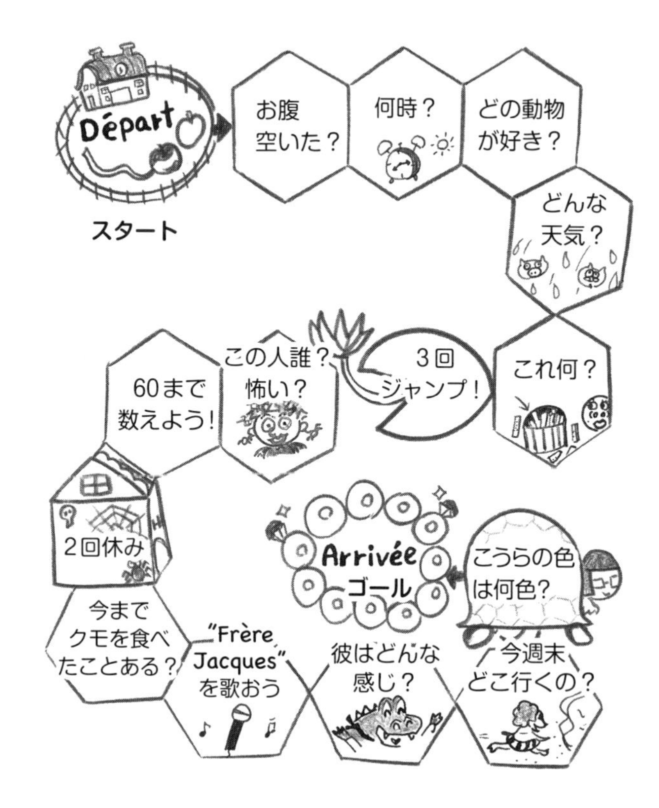

Activité 18 (p.142)

材料：透明のスプーン、小さな厚紙、油性ペン、ハサミ、ホッチキス

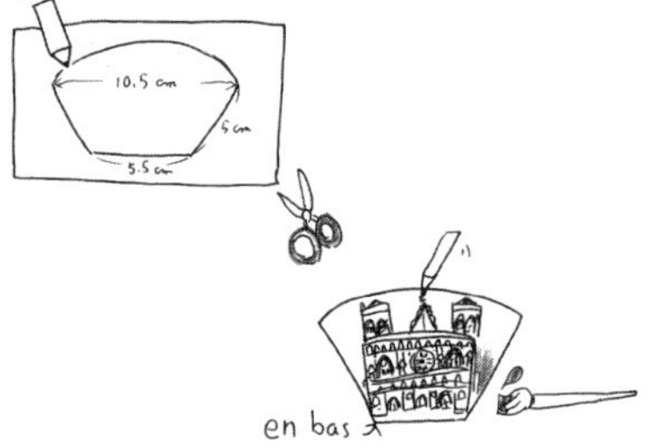

1. 見本を参考に、厚紙に円すい形を書いて切る。

2. 絵を描いて、色を塗る。

3. 円すいを丸めてホッチキスで止める。

4. スプーンの外側に黒い油性ペンで、トモミのこうらの絵を描く。

5. スプーンの内側の、こうらの模様の中に色ぬりをする。

6. 円すいの中にスプーンを入れる。
   トモミを出したり、入れたり隠れんぼさせて遊ぼう。

Activité 19 (p.152)

Activité 20 (p.153)

さくらんぼのクラフティ（直径 23cmの陶器のタルト型）

準備時間 :15分　　焼く時間 : 30から40分

材料

- ダークチェリー（種抜き）
  400 g あるいは 430 g 種付き
- 薄力粉　50 g
- 砂糖　100 g
- 牛乳　250 cc
- 塩　ひとつまみ
- 卵　2個
- キルシュ　大さじ 1.5 から 2 杯
- バター　10g（型用）

1. さくらんぼの種を抜く。
2. オーブンをあらかじめ 180度に温めておく。
3. ボールに薄力粉、砂糖、塩、卵を入れて泡立て器で混ぜる。
4. 滑らか状態になったら、牛乳を少しずつ加えてキルシュで、香りづけする。
5. こす。
6. 型にバターをぬる。
7. 型にさくらんぼを並べる。
8. 3 で混ぜあわせた生地を型に流す。
9. 180度のオーブンで 30分から40分焼く。

※種付きのまま、さくらんぼを入れて焼いても美味しいよ。

レシピ提供：Nizeki Mari

著者・挿絵　中村ひろみ
フランス語校閲　Catherine Lemaitre
録音　Sublime

装丁・本文デザイン　小熊未央

虹色こうらの秘密

2023年3月1日　初版　第1刷発行

発行者　井田洋二
発行所　株式会社 駿河台出版社
〒101-0062
東京都千代田区神田駿河台 3-7
電話　03-3291-1676
ファックス　03-3291-1675
E-mail　info@e-surugadai.com
http://www.e-surugadai.com

印刷・製本　㈱ フォレスト

ISBN978-4-411-00566-3　C1085　¥2000E